JN055370

人間性に回帰する
情報メディア教育の新展開

人工知能と人間知能の連携のために

松 原 伸 一 著

開隆堂

まえがき

　本書では、「人間性」を，感性，理性，知性の3つのフェーズで捉え，「感性に響く／理性に届く／知性に繋ぐ」をキーフレーズとしている。

　昨今，人工知能（AI: Artificial Intelligence）に関する話題が頻出し，AIの未来を描いたものも多い。これらは，「コンピュータと人間」，或いは，「ロボットと人間」という対比の中で，いわゆる人間知能（HI: Human Intelligence）を浮き彫りにし，その育成に携わる人間教育の重要性を再認識させられる。一方，プログラミング教育では，問題解決に関する諸知識を欠くことはできない。とりわけ，論理的思考は育成されるべき資質・能力と関係するが，これらは人工知能の機械学習でも同様である点を忘れてはならない。例えば，以前に話題を呼んだ「京」というスーパーコンピュータは，1秒間に1京回（10ペタフロップス）の計算をイメージして名付けられたといわれる。これは1万兆回を意味し，AIと同じ路線で競争しても意義はあるのだろうかとつい考えてしまう。

　ところで，学習指導要領に視点を向ければ，小学校では，2020年度（令和2年度）からプログラミング教育が実施され，これは我が国では初めてのことである。また，中学校では「技術・家庭」科に領域「情報基礎」が設置され，1993年度（平成5年度）から実施となったが，これが教科の学習内容として明記された最初であり，既に27年が経過している。さらに，高等学校では教科「情報」が設置され，2003年度（平成15年度）から実施となったが，これは，情報という教科が学校教育に規定された最初であり，既に17年が経過した。教科「情報」が新設・実施されて間もない時期に，次の教育課程改訂の動きが始まり，筆者は文部科学大臣より中央教育審議会専門委員の任命を受け，我が国の情報教育の在り方を検討し，中央教育審議会答申や学習指導要領改訂などに関わり，現在でも筆者の研究テーマになっている。

　本書は，「情報科教育法」（2003年発行）をベースに2回目の改訂にあたる。1回目の改訂では，「情報学教育の新しいステージ」（2011年発行）と発展的に書名を変更し，情報教育の概念を整理して情報学教育と位置付けて展開した。そしてこの度（2回目）の改訂では，「人間性に回帰する情報メディア教育の新展開」という書名に変更し，「情報学教育」を継承し，「情報メディア教育」の新しい展開について述べる。

2020年（令和2年）1月16日

松　原　伸　一

目　次

第1章

小中高における情報メディア教育

－ これまでとこれから －

人工知能（AI）と人間知能（HI）

　人工知能（AI: Artificial Intelligence）とは言うまでもなく，人間により作り出されたもので，いわゆるコンピュータによる自動処理にほかならない。したがって，コンピュータ処理の全てが人工知能だと言えなくもないが，単純な自動処理とは区別される。昨今では，一定の水準を超えたものに限定されるが，その境界は明確ではない。

　私たちの周辺では，人工知能について，「こんなことまでできる」と感心したり，「こんなことしかできない」と言って人間の優越性を主張したりと，その評価は様々である。ここで重要なことは，いずれも，その時点での自動処理の一例であって，全ての人工知能に当てはまるものでもないし，急速に改善・進展しているので一概に言うこともできない。すなわち，一例をみて総体と考えるのは正しくないということであり，視点を変えれば，「（人間の）○○君はこんなことができる」と言っても，そこには個人差があり一概には言えないのと同様である。つまり，人工知能には，人間と同様，その能力に幅があるということを再認識する必要がある。

　ところで，人工知能の研究で，機械学習（Machine Learning）という分野が進展し，①教師あり学習だけでなく，②教師なし学習も成立するようになり，また，強化学習（Reinforcement Learning）や，深層学習（Deep Learning）と言われる機械学習手法も進展してきている。シンギュラリティ※1とは，技術的特異点（Technological Singularity）のことで，人工知能が人間の能力を超えることを意味するが，人類が人工知能と融合し，生物学的な思考速度の限界を超越することとも解釈される。

　一方，人間知能（HI: Human Intelligence）とは人間の知能のことである。人工知能の出現によって，知能を区別する意図からこの表現を用いている。

　筆者は，人間性として，感性，理性，知性の3性を要素として考え，これらについて教育の視点から概念の世界を広げたいと考えている。例えば，感性に響く情報メディア教育では，人間のもつ五感，特に視聴覚を視野に，理性に届く情報メディア教育では，情報倫理・情報モラル，情報安全・安心，情報健康などを視野に入れ，さらに，知性に繋ぐ情報メディア教育では，情報知識，情報経済，情報人権などを視野に入れている。

　人間知能と人工知能の連携として，ICTを効果的に活用すれば，ピアノが弾ける人も，そうでない人も，公平にピアノ演奏が可能になるし，歌が歌える人も，そうでない人も，公平に歌を歌わせることが可能になるのである。

※1. レイ・カーツワイル（2007）ポスト・ヒューマン誕生，コンピュータが人類の知性を超えるとき，井上健【監訳】，小野木明恵，野中香方子，福田実【共訳】，NHK出版.

1-1 情報メディア教育の新展開
情報教育から情報学教育へ，そして情報メディア教育へ

1．情報とコンピュータの概念：情報教育の概念への影響

　多くの人は，「情報」という言葉を聞いて，「コンピュータ」をイメージするかも知れない。この「情報＝コンピュータ」という構図は，いつごろ，どのような背景で形成されたかは明確ではないが，コンピュータ処理の歴史に関係があることに違いない。

　そもそも，データ処理（data processing）とは，データを知識（情報）に変換するコンピュータ処理のことである。この用語は，コンピュータの発明以来，長い間使用されてきたが，コンピュータの処理対象がより複雑で高度なものになるにつれて，情報処理（information processing）という用語が好んで使用されるようになった。現在では，デ

```
┌─────────────────────────────┐
│    「情報＝コンピュータ」の構図      │
│                             │
│ データ処理＝コンピュータ処理        │
│ データ処理＝情報処理             │
│          ↓                  │
│    情報＝コンピュータ            │
│          ↓                  │
│ ○○の情報化＝○○のコンピュータ化    │
│ 情報教育＝コンピュータ教育         │
└─────────────────────────────┘
```

ータ処理システムは，情報処理システム（または，単に情報システム）とも呼ばれ，ほぼ同義とされる。このことは，「データ処理＝コンピュータ処理」と「データ処理＝情報処理」との構図から，「情報＝コンピュータ」という構図が形成され，また同時に，「情報＝データ」という構図も生じている。そのため，「情報」は「コンピュータ」の意味で使用され，「データ」も「情報」も区別できない現状を引き起こしている。その結果，「○○の情報化」と言えば，「○○のコンピュータ化（電算化）」と考えるのが常識ともいえる状況になっているのである。このような状況は，これ自体で大きな問題が生じる訳ではない。しかしながら，「情報教育」においては，いささか問題が重大である。つまり，「情報＝コンピュータ」の構図は，「情報教育＝コンピュータ教育」の構図となり，誤解を生じてきたのである。正しくは，新しい学習指導要領に依拠するまでもない。すなわち，情報教育とは，単なるコンピュータ教育（スキル教育）ではなく，情報活用の実践力，情報の科学的な理解，情報社会に参画する態度，の3つの観点からバランスよく構成されるものとして位置づけられるとともに，情報のモラルや安全に関わる教育についても強調されているところである。

　本来，情報は，物（物質）とは異なる特徴を有し，これは時として長所であり，短所でもある。つまり，情報は，直接にはコンピュータと無関係であり，特に情報社会では，情報のもつ特殊性を理解することが重要である。

２．情報教育から情報学教育へ

　筆者は過去の講演で，次のような質問をしたことがある。それは，「数学教育では何を教えているか？」，「国語教育では何を教えているか？」，…，というものであった。当然のことであるが，数学教育では「数学」を，国語教育では「国語」を教えているのに，情報教育では「情報」を教えていると言えないのはなぜだろうか？

　一般に情報教育といえば，パソコンの使い方，ソフトの利用法などが支配的であり，理解のある人でも，これに情報モラルを追加する程度である。このように，情報教育が一般者と関係者との間で認識のズレが生じているのはなぜだろうか？例えば，数学教育では，数学（算数）を学ぶための基礎スキルとして，足し算，引き算，掛け算（九九），…などを挙げることができる。これらは，小学校段階で学習するものであるが，その後の中学・高校段階の数学においても，例えば，$2a+3a=5a$ のように足し算の概念は利用されている。つまり，昨年に学習した「九九」は，今年は「十十」にバージョンアップされたので，使用できないということにはならない。情報教育の基礎スキルは，「パソコンやソフトの使い方」かもしれないが，これらは，常に変わるということが特徴である。

　したがって，情報教育では，小学校で学習した基礎スキルは，中学校でも高校でも繰り返し学習する必要を生じ，その結果，小学校から大学院まで（難易度の差こそあれ）同じことを学習していると揶揄されることになる。すなわち，仮に高校レベルで考えれば，「数学」では，代数学，幾何学，解析学，…などのいわゆる数学を教えているものであり，同様に，「国語」では，国語表現，現代文，古典などの国語を教えている。これらには，概ね「変わらないもの」が多く含まれているが，情報教育では「変わりやすいもの」が多く含まれているのである。要するに，「不易流行」といわれるように，「不易なる部分」と，「流行なる部分」の適度なバランスが大切である。この考え方を基盤にすれば，「情報教育では，情報を教えている」と言えるように，学習内容を構成する必要があり，その拠り所として，情報教育のベースを「情報学」に求めるのが賢明である。

　ところで，「情報学とは何か」と問いかければ，最先端の情報学者のみならず，各分野の学者・教育者を始め，産業界や行政などのあらゆる分野の賢者諸氏から，多様なご意見が降り注ぐことだろう。しかし，ここでの情報学とは，国語，数学，理科，社会，…のように，学校教育における教科としての内容学であり，教科教育学の内容論として位置づけられるものである。もちろん，先端科学も含めた研究領域としての「情報学」の成果を学校教育に反映させることも重要であるが，両者間に違いがあることを理解しておく必要がある。したがって，学習内容を決定する際には，両者の関係者が一同に会し，議論したり意見交換をしたりして，共通理解の上に成立する「一定の見解」が必要になるだろう。情報学は，各研究機関によっても種々の定義が存在するが，「学問体系としては新しく確立されつつある専門分野であり，部分的にはこれまでも言語，心理，数学，

情報処理工学内で，さらには情報活動をしている各学問分野内などで研究されており，応用としては人文，社会，自然の各科学の全てに係わるものである」と考えたい。昨今では，日本学術会議において「情報学分野の参照規準」としてまとめられ，情報学は，古くて新しい分野と言えるかも知れない⁽¹⁾。

　情報教育のベースを情報学に求める時，次の３つの視点を設けて展望したい。第１の視点は，「情報を科学する」視点であり，情報科学や情報論・メディア論などに対して理論的な側面から見る視点である。第２の視点は，「情報を活用する」視点であり，情報活用・IT 活用に関係した実践的な視点である。第３の視点は，「情報を吟味する」視点であり，情報社会や情報安全に関係して，情報やメディアが与える影響，情報セキュリティ，情報モラルなど社会との関連を重視する視点である。情報教育における小中高の円滑な接続をめざし，既に，K-12 カリキュラムを策定する際の基本的な内容として，コア・フレームワークを提案している⁽²⁾ので，関心をお持ちの方は是非参照されたい。

3．情報教育の内容的側面と方法的側面

　情報教育は，伝統的に，「コンピュータを学ぶ」と，「コンピュータで学ぶ」とに分類して議論されてきた。前者は，コンピュータ等に関連する知識・技能の学習を意味し，後者はコンピュータ等の情報機器を利用した学習を示している。これら２つの情報教育は，教育学の立場では，前者は内容論，後者は方法論として位置づけられる。

　内容論は，教育内容・学習内容を対象とするもので，いわゆる「学ぶ対象」である。例えば，高等学校に設置された教科「情報」の場合は，情報科教育と表現される。一般に，「〇〇科教育」という表現は，教科教育として位置づけられ，教科が設置されていることを根拠に成立する概念であり，情報という教科がない段階，例えば，（現時点では）小学校や中学校においては，この用語を使用することはできない。

　方法論は，学習内容をどのような方法で教えるかということを取り扱うものであり，「初等中等教育における教育の情報化に関する検討会議」（文部科学省）の「初等中等教育の情報教育に係る学習活動の具体的展開について（報告書）」（平成 18 年 8 月 28 日）では，情報教育と教育の情報化をキーワードとして取り上げ，教育の情報化の概念に含まれる教育として，「子どもたちの情報活用能力の育成を目的とした情報教育」と「各教科等の目標を達成する際に効果的に情報通信技術を活用すること（ICT 活用）」があることを指摘している。

　結局のところ，情報教育という表現は，教科の設置を前提としていないので，小学校や中学校の段階においても広範に使用できるという点が特徴である。しかし，現在ではその概念は広く，従来の表現で示せば，教育におけるコンピュータ利用全般においても

情報教育の一部とみなされていたという経緯がある。最近では，ICT活用も情報教育として認識されることが多く，各教科における情報教育（情報スキル教育）が話題となることもある。

筆者は，各教科から独立した存在としての情報教育（内容学に基づくもの）を指向しているので，敢えて情報教育という一般名称を使用していない。いずれにしても，情報教育には，概ね2つの側面に分けられるのである（**図1**）。

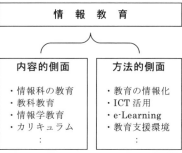

図1．情報教育の2つの側面

4．情報学教育の新しいカタチ：情報メディア教育

「情報学」を英語で表現すればどうなるだろうか？　和英辞典を引くまでもなく，その典型的な表現として，Informatics がある。しかしながら，筆者は情報学教育を英語にて表記する際，Information Studies Education という表現を使用している。詳細は割愛せざるを得ないが，要するに学校教育における情報学として考察した結果である。

ところで，情報学事典(3)では，その英語名を，Encyclopedia of Media and Information Studies としている。これを，Media Studies と Information Studies とに分割してみれば，Media Studies は，メディア学（メディア論を含む）と受け止めることができ，Information Studies は，情報学（情報論を含む）と考えられる。このことからもわかるように，この情報学事典では，情報学にメディア学を含めていることがわかる。本書の改訂対象となった著書の副題は，「情報とメディアの教育論」としていたが，情報学教育の新しいステージを示すものであった。ただし，今後の普及を考えれば，情報学という堅い表現ではなく，その本質を情報とメディアにて象徴し，「情報メディア教育」として新しい展開に繋げたい。

参考文献

(1)松原伸一：情報学教育のカリキュラム・イノベーション - 教職実践に向けて：新しい資質・能力と技術 - ，情報学教育研究 2016，pp.23-32.
(2)松原伸一：情報学教育の新しいステージ - 情報とメディアの教育論，開隆堂，2011.
(3)北川/高嗣ほか：情報学事典（Encyclopedia of Media and Information Studies），弘文堂，2002.

問題
情報教育，情報学教育，情報科教育，情報メディア教育について論述せよ。

1-2 情報教育の歴史的経緯 -1-

教科「情報」の新設に至るまで

　我が国の学校教育における情報教育では，教科「情報」の新設に至るまでの2回にわたる学習指導要領の改訂が重要な意味をもつと考えて良い。その一つは，平成元年（1989年）の学習指導要領の改訂（幼稚園，小学校，中学校，高等学校などが対象）であり，もう一つは，平成10年（1998年）の学習指導要領改訂（幼稚園，小学校，中学校が対象）及び平成11年（1999年）の学習指導要領改訂（高等学校が対象）である。

1．平成元年（1989年）の学習指導要領改訂に至るまでの経緯

　表1は，平成元年（1989年）学習指導要領改訂に至るまでの経緯として，答申や報告書等の一覧を示したものである[1,2]。これは，我が国における情報教育の第1段階として位置付けることができる。以降では，**表1**の中で特に関係が深いものをとりあげる。

①臨時教育審議会第一次答申　昭和60年（1985年）6月

　「社会の情報化を真に人々の生活の向上に役立てる上で，人々が主体的な選択により情報を使いこなす力を身に付けることが今後への重要な課題である」と提言し，学校教育における情報化の必要性を示している。

②情報化社会に対応する初等中等教育の在り方に関する調査研究協力者会議第一次審議とりまとめ　昭和60年（1985年）8月

　社会の情報化の進展に伴う学校教育の在り方，すなわち，学校教育におけるコンピュータ利用等の基本的な考え方，小学校・中学校及び高等学校の各段階におけるコンピュータを利用した学習指導の在り方などについての提言を行っている。

③臨時教育審議会第二次答申　昭和61年（1986年）4月

　「情報化に対応した教育に関する原則」として

　　ア．社会の情報化に備えた教育を本格的に展開する。

　　イ．すべての教育機関の活性化のために情報手段の潜在力を活用する。

　　ウ．情報化の影を補い，教育環境の人間化に光をあてる。

が示されている。また，「情報活用能力」という概念を提示し，これが「情報リテラシーすなわち，情報及び情報手段を主体的に選択し，活用していくための個人の基礎的な資質」を意味するものとされた。これまでの「読み・書き・算盤」のもつ教育としての基礎的・基本的な部分をおろそかにすることなく，新たに「情報活用能力」が基本能力に加えられるべきであると記されている。

④教育課程審議会答申　昭和62年（1987年）12月

　「社会の情報化に主体的に対応できる基礎的な資質を養う観点から，情報の理解，選択，整理，処理，創造などに必要な能力及びコンピュータ等の情報手段を活用する能力と態度の育成が図られるよう配慮する」点が重要であると示されている。小学校においては，指導内容の明示はされていないが，むしろ，コンピュータを利用した教育による指導形態の柔軟化に重点が置かれている。中学校においては，「社会」では，公民的分野で国際化・情報化などの社会の変化を踏まえるとされ，「数学」では，数の表現，方程式，関数，統計処理，近似値などの内容に関連づけてコンピュータ等を活用することについて配慮するとあり，「理科」では全般にわたり，各分野の指導に当たっては，コンピュータ等を活用するとある。「技術・家庭」においては，新領域「情報基礎」が設置された。他教科においても，コンピュータ等を利用した教育の積極的な導入が示されているが，これらが，方法としての導入にとどまっているのに対し，「情報基礎」は，このコンピュータに関わる内容も加えられており，義務教育段階において唯一となっているのが特徴である。

表1．情報教育に関わる答申・報告書等一覧

年.月	タイトル	機関または発行所	代表者
1985.3 (S60)	教育におけるマイクロコンピュータの利用について-報告-	社会教育審議会教育方法分科会	東　洋
1985.6 (S60)	教育改革に関する第一次答申	臨時教育審議会	岡本道雄
1985.8 (S60)	情報化社会に対応する初等中等教育の在り方に関する調査研究協力者会議第一次審議とりまとめ	文部省初等中等教育局	
1986.4 (S61)	教育改革に関する第二次答申	臨時教育審議会	岡本道雄
1986.7 (S61)	中央教育審議会第一次答申		
1987.3 (S62)	情報化に対応する教育に関する研究調査報告書	臨時教育審議会 情報化に対応する教育研究会	坂元　昂
1987.4 (S62)	教育改革に関する第三次答申	臨時教育審議会	岡本道雄
1987.8 (S62)	教育改革に関する第四次答申	臨時教育審議会	岡本道雄
1987.12 (S62)	教員の資質能力の向上方策等について	教育職員養成審議会答申	中川秀恭
1987.12 (S62)	幼稚園,小学校,中学校及び高等学校の教育課程の基準の改善について（答申）	教育課程審議会	福井謙一
1989.3 (H1)	学習指導要領　付学校教育法施行規則（抄）	文部省	

※「学校におけるプログラミング教育」（松原伸一著，オーム社，1990）より引用。

２．平成10年（1998年）と平成11年（1999年）の学習指導要領改訂に至るまでの経緯

　平成10年（1998年）12月14日に幼稚園教育要領，小学校学習指導要領及び中学校学習指導要領が改訂され，平成11年（1999年）3月29日に盲・聾・養護学校の学習指導要領とともに高等学校学習指導要領の全面的な改訂が行われた。情報教育の視点でみれば，「総合的な学習の時間」，中学校における「技術・家庭」科の「情報とコンピュータ」，高等学校における新教科「情報」の設置である。**表2**は，教科「情報」が新設され，その教員養成が実施されるまでの経緯を示すものである。以降では，特に重要なものを順にとりあげて説明する。

表2．高等学校における教科「情報」新設の経緯

年.月.日	項目	コメント
1996.7 （H8）	中央教育審議会第一次答申	21世紀を展望した我が国の教育の在り方について
1997.10 （H9）	「情報化の進展に対応した初等中等教育における情報教育の推進等に関する調査研究協力者会議」第1次報告	
1998.7 （H10）	教育課程審議会答申	教科「情報」の新設が確定
1998.8.5 （H10）	情報化の進展に対応した教育環境の実現に向けて〜最終報告，「情報化の進展に対応した初等中等教育における情報教育の推進等に関する調査研究協力者会議」最終報告	
1998.12.14 （H10）	幼稚園教育要領，小学校学習指導要領及び中学校学習指導要領の改訂	
1999.3.29 （H11）	高等学校学習指導要領の改訂	教科「情報」の内容が確定
2000.3.31 （H12）	教育職員免許法等の一部を改正する法律等の公布について	文教教234号（教育助成局長）
2000.3.31 （H12）	高等学校学習指導要領解説情報編発行	事実上，5月発行
2003.4 （H15）	高校における教科「情報」 年次進行により段階的に適用	

①中央教育審議会第一次答申　平成8年（1996年）7月

　「21世紀を展望した我が国の教育の在り方について」と題する答申の中で，国際化，情報化，科学技術の発展等社会の変化に対応する教育の在り方について述べられているが，特に情報教育に関連しては，①情報教育の体系的な実施，②情報機器，情報通信ネットワークの活用による学校教育の質的改善，③高度情報通信社会に対応する「新しい学校」の構築，④情報社会の「影」の部分への対応，の4点が示されている。

②情報化の進展に対応した初等中等教育における情報教育の推進等に関する調査研究協力者会議の第一次報告　平成9年（1997年）10月

　この報告は，情報教育を具体的に理解する上で最も重要なものの一つといえる。ここには，情報教育の目標を①情報活用の実践力，②情報の科学的な理解，③情報社会に参画する態度，の3つの観点で整理している。①は，課題や目的に応じて情報手段を適切に活用することを含めて，必要な情報を主体的に収集・判断・表現・処理・創造し，受け手の状況などを踏まえて発信・伝達できる能力としている。②は，情報活用の基礎となる情報手段の特性の理解と，情報を適切に扱ったり，自らの情報活用を評価・改善するための基礎的な理論や方法の理解としている。③は，社会生活の中で情報や情報技術が果たしている役割や及ぼしている影響を理解し，情報モラルの必要性や情報に対する責任について考え，望ましい情報社会の創造に参画しようとする態度としている。

③教育課程審議会答申　平成10年（1998年）7月

　各学校段階及び各教科において「情報化への対応」を鮮明にし，体系的な情報教育の推進を掲げている。特に，中学校では，技術・家庭科に「情報とコンピュータ」という内容を新たに設け，いっそうの充実を図っている。また，高等学校においては，情報手段の活用を図りながら情報を適切に判断・分析するための知識・技能を習得させ，情報社会に主体的に対応する態度を育てるために，教科「情報」を新設し必修とすることが適当であるとされ，実質的に新教科「情報」の設置が決定したのである。

参考文献

(1)松原伸一：「情報科教育研究Ⅰ：情報科教育法」，開隆堂，2003.
(2)松原伸一：「情報科教育研究Ⅲ：情報学教育の新しいステージ，開隆堂，2011.

問題

1．情報教育の歴史的経緯について，教科「情報」の新設に至るまでの2回にわたる学習指導要領の改訂について整理して論述せよ。
2．我が国の情報教育について，自らの学習経験をもとに考察せよ。

情報教育の歴史的経緯 -2-

教科「情報」の改訂

1．平成21年（2009年）の学習指導要領改訂に至るまでの経緯

　教科「情報」は，平成15年度（2003年度）より年次進行で実施されたが，その2年後に教育課程の見直しの機運が高まったのである。そして，平成17年（2005年）2月，文部科学大臣より，21世紀を生きる子どもたちの教育の充実を図るため，教員の資質・能力の向上や教育条件の整備などと併せて，国の教育課程の基準全体の見直しについて検討するよう，中央教育審議会に要請があったのである。

　筆者は，平成17年（2005年）8月8日付で，中山成彬 文部科学大臣より，中央教育審議会専門委員（初等中等教育分科会）に任命を受け，当日開催された，第1回「家庭，技術・家庭，情報専門部会」に出席し，審議を行った。

　表1は，教科「情報」の新設が決まり実施された後，改訂に至るまでの経緯を示すものである。

表1．教科「情報」の改訂までの経緯

年．月．日	項目	コメント
2003.10.7 （H15）	初等中等教育における当面の教育課程及び指導の充実・改善方策について（答申） 中央教育審議会	2003年5月の諮問に対する答申
2005.2 （H17）	文部科学大臣が中央教育審議会に要請（諮問） 「21世紀を生きる子どもたちの教育の充実を図るため，教員の資質・能力の向上や教育条件の整備などと併せて，国の教育課程の基準全体の見直しについて検討するよう要請」	
2005.4 （H17）	上記の課題に対して，中央教育審議会にて審議開始	
2005.8.8 （H17）	中央教育審議会・初等中等教育分科会・教育課程部会の下にある「家庭，技術・家庭，情報専門部会」が審議開始，第1回	議題：家庭科，技術・家庭科，情報科の教育の在り方について
2005.8.17 （H17）	第2回「家庭，技術・家庭，情報専門部会」	議題：家庭科，技術・家庭科，情報科の教育の在り方について

2005.9.22 （H17）	第3回「家庭，技術・家庭，情報専門部会」	議題：家庭科，技術・家庭科，情報科の教育の改善について
2005.10.26 （H17）	新しい時代の義務教育を創造する（答申） 中央教育審議会	2003年5月，2004年3月，2004年10月の3つの諮問に対する答申
2006.7.20 （H18）	第4回「家庭，技術・家庭，情報専門部会」	議題：家庭科，技術・家庭科，情報科の教育の改善充実について
2007.3.10 （H19）	教育基本法の改正を受けて緊急に必要とされる教育制度の改正について（答申） 中央教育審議会	2007年2月6日の審議要請に対する答申
2007.7.20 （H19）	第5回「家庭，技術・家庭，情報専門部会」	議題：家庭科，技術・家庭科，情報科の教育の改善充実について
2007.9.12 （H19）	第6回「家庭，技術・家庭，情報専門部会」	議題：家庭科，技術・家庭科，情報科の教育の改善充実について
2008.1.17 （H20）	幼稚園，小学校，中学校，高等学校及び特別支援学校の学習指導要領の改善について（答申） 中央教育審議会	2005年2月の要請（諮問）に対する答申。審議開始後，2年10ヵ月に渡る審議
2008.3.28 （H20）	幼稚園教育要領，小学校学習指導要領及び中学校学習指導要領の公示	
2009.3.9 （H21）	高等学校学習指導要領の公示	
2010.5.15 （H22）	高等学校学習指導要領解説情報編の発行	

２．教科「情報」の改訂

（1）情報科教育における科目の順序

　平成11年（1999年）の改訂では，第2章第10節第2款において，第1の科目として「情報A」，第2の科目として「情報B」，第3の科目として「情報C」が位置づけられ，情報教育の目標の観点の順序に合致している。しかし，平成21年（2009年）の改訂では，第1科目

表2．科目の掲載順序

※	平成11年改訂	平成21年改訂
①	第1：情報A	（なし）
②	第2：情報B	第2：情報の科学
③	第3：情報C	第1：社会と情報

※情報教育の目標の観点で，①は情報活用の実践力，②は情報の科学的な理解，③は情報社会に参画する態度である。

は「社会と情報」，第2科目は「情報の科学」と表記され，情報教育の目標の観点と比較すると，順序にねじれが生じている（**表2**）。このことは，「社会と情報」が「情報の科学」に優先する論拠として人文社会系の情報学が注目されることにつながる⑴。

（２）科目の名称（社会概念の重点化）

　教科「情報」新設時の科目名（情報Ａ，情報Ｂ，情報Ｃ）から改訂の科目名（社会と情報，情報の科学）までの名称の変遷について推察すれば次のようになる（**図１**）。

①ステップ１：まず，情報Ｂを“情報と科学”，情報Ｃを“情報と社会”というキーワードで設定する。

②ステップ２：科学と情報の２語を「と」で結ぶと，科学をキーワードとする理科と競合する恐れがあるので，科学を限定する意味で情報を修飾語とするために，「と」を「の」に変更する。

③ステップ３：混乱を
　避けるために，「情
　報の…」と「情報と
　…」という類似性を
　回避するとともに，

図１．科目の名称（変遷の例）

社会を重視するという観点から，情報と社会を入れ替える。

④ステップ４：社会というキーワードを持つ科目を優先させるために，科目名の順序を変更する。

（３）科目の減少

　平成21年改訂の学習指導要領では，「情報Ａ」に対応する新科目が設定されていないことから，結果として２科目の構成となり１科目の減少となっている。専門教科「情報」が，この時の改訂により11科目から13科目の構成となり，結果として２科目の増加となっていることと比較すれば，対照的といえる。

　その理由として，
　　(1)当初の「情報Ａ」の役割が達成されたこと
　　(2)さらに「情報Ａ」で重点とされる「情報活用の実践力」が他の２観点の達成に併せて段階的に織り込まれたこと
をあげることができる。

　理由(1)については，各科目の性格について，高等学校学習指導要領解説 情報編（文部省 2000）の第３節「２ 各科目の性格」において，「情報Ａ」は「コンピュータや情報通信ネットワークなどの活用経験が浅い生徒でも十分履修できることを想定している。」，「情報Ｂ」は「コンピュータに興味・関心を持つ生徒が履修することを想定している。」，「情報Ｃ」は「情報社会やコミュニケーションに興味・関心を持つ生徒が履修することを想定している。」と記されているように，「情報Ａ」は，新教科としての導入時において，初心者対策として設けられたことを意味し，平成21年の改訂に当たっては，当初の目的が達成したものと判断されたからである。

理由(2)については，「情報活用の実践力」という観点が，「情報の科学的な理解」と「情報社会に参画する態度」の２つの観点に対して，達成段階として位置づけられたことによるもので，「情報社会に参画する態度（Ⅰ軸）」と「情報の科学的な理解（Ⅱ軸）」をそれぞれ縦糸とし，「情報活用の実践力」をこれらとは別の軸（横糸）と考えればわかりやすいだろう。

したがって，平成 21 年の改訂では，情報教育の目標の３観点が，従来のように互いに独立したものではなく，「情報活用の実践力」は，他の２つの観点に従属するものとして位置づけられた点が注目に値する（図２）。

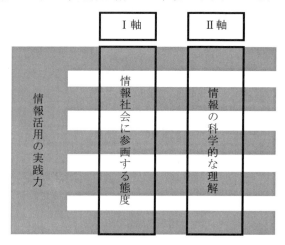

図２．情報教育の目標の観点

「情報」は，いうまでもなく，すべての生徒に履修させる共通教科であり，生徒の能力や適正，多様な興味・関心，進路希望等に応じて上記の２科目のうち１科目を必履修としている。

したがって各学校においては，いずれか１科目のみを設置するのではなく，両科目を開設して生徒が主体的に選択できるようにすることが望ましい。

また，中央教育審議会答申（2008年1月17日）には，

・生徒の多様な学習要求に応えるとともに，進路希望等を実現させたり，社会の情報化の進展に主体的に対応できる能力や態度をはぐくむために，より広く，より深く学習することを可能にする内容を重視する。

という記述があり，この点を十分踏まえれば，より広く，より深く学習することを可能にするために，必履修科目として１科目だけを課すのではなく，希望者には，もう一方の科目も選択して履修できるようにカリキュラムの工夫を望みたいものである。

参考文献

(1)松原伸一：学習指導要領の改訂と情報科教育の展望～文理融合の情報学をベースに～，情報処理学会，高校教科「情報」シンポジウム，pp.9-16, 2009.

問題

この時の改訂の趣旨を理解し，自らの意見を整理して述べよ。

情報教育の歴史的経緯　-3-

プログラミング教育，アクティブ・ラーニング

1．平成 29 年（2017 年）及び平成 30 年（2018 年）の学習指導要領改訂に至るまでの経緯

　学習指導要領の改訂としては，この度の改訂が最新のものとなる。平成 29 年（2017 年）の改訂における主な対象は，幼稚園，小学校，中学校に関するものである。また，平成 30 年（2018 年）の改訂は，高等学校が主な対象となっている（**表 1**）。

（1）平成 29 年（2017 年）の改訂

　この改訂にて注目したいのは，プログラミング教育が必修化したことで，特に，小学校では，そのインパクトが大きいといえる。それは，中学校では，既に，現行の学習指導要領でも「技術・家庭」科において実施されており，また，高等学校においても教科「情報」にてプログラミングが内容となっているからである。もちろん，この度の改訂により，プログラミング教育への深まりが見込まれ，中高においても新しい学習指導要領における教育内容・方法を分析し対応が求められることは言うまでもない。

　また，情報活用能力の育成，教科指導における ICT，校務の情報化などにおいて，更なる展開が期待されている。詳細については，小・中学校は**ユニット 1-5** にて整理して述べる。

（2）平成 30 年（2018 年）の改訂

　平成 30 年の改訂では，高等学校に設置された教科「情報」が重要である。平成 21 年の改訂による教育課程では，「情報 A」，「情報 B」，「情報 C」の 3 科目構成から，「社会と情報」，「情報の科学」の 2 科目構成に変更されている。これらはいずれも，選択必修であり，各科目の内容には重複が見られた。平成 30 年の改訂では，「情報 I」を必修とし，その次に履修する科目として，「情報 II」が設定された点が注目される。すなわち，選択履修という考え方から，積上げによる履修の考え方に変更になったのである。新たな内容としては，データサイエンスや統計などが関係し，数学との連携が重要になったものと理解したい。筆者らは，各種の組織を立ち上げて，科目構成などを検討し，文部科学省および中央教育審議会に対して「情報 I」，「情報 II」，「情報 III」の 3 科目構成を提案・要望していたが，残念ながら，「情報 III」の設置には至らなかった。

表1. 改訂までの経緯

年.月.日	項目	コメント
2012.8.28 (H24)	新たな未来を築くための大学教育の質的転換に向けて〜生涯学び続け，主体的に考える力を育成する大学へ〜（答申） 中央教育審議会	アクティブ・ラーニング
2013.6.14 (H25)	閣議決定【日本再興戦略 JAPAN is BACK】 「・・・義務教育段階からのプログラミング教育等のIT教育を推進する。」	
2014.6.24 (H26)	閣議決定【世界最先端IT国家創造宣言】 「・・・初等・中等教育段階におけるプログラミングに関する教育の充実に努め，・・・」	
2014.11.20 (H26)	文部科学大臣が中央教育審議会に諮問 「初等中等教育における教育課程の基準等の在り方について（諮問）」	（26文科初第852号） 教育課程の改訂に向けて始動。 アクティブ・ラーニング
2015.5.14 (H27)	提言【教育再生実行会議 第七次提言】 「・・・プログラミング，情報セキュリティ，ネット依存対策をはじめとする情報モラルなどに関する指導内容や学習活動の充実を図る。」	
2016.4.19 (H28)	産業競争力会議【新成長戦略】 「・・・初等教育段階からプログラミング教育を必修化します。・・・」	
2016.12.21 (H28)	幼稚園，小学校，中学校，高等学校及び特別支援学校の学習指導要領の改善及び必要な方策等について（答申） 中央教育審議会	2014年11月の諮問に対する答申。審議開始後，2年1ヵ月に渡る審議
2017.3.31 (H29)	学校教育法施行規則の一部を改正する省令の制定並びに幼稚園教育要領の全部を改正する告示，小学校学習指導要領の全部を改正する告示及び中学校学習指導要領の全部を改正する告示等の公示について（通知）	（28文科初第1828号） 幼小中の学習指導要領改訂の公示（告示）
2018.2.28 (H30)	小学校学習指導要領（平成29年告示）の発行	東洋館出版社
2018.3.30 (H30)	中学校学習指導要領（平成29年告示）の発行	東山書房
2018.3.30 (H30)	高等学校学習指導要領の全部を改正する告示等の公示について（通知）	（29文科初第1784号）
2018.3.30 (H30)	高等学校学習指導要領（平成30年告示）の発行	東山書房
2018.3 (H30)	小学校プログラミング教育の手引（第一版）公表	
2018.11 (H30)	小学校プログラミング教育の手引（第二版）公表	

２．２つのアクティブ・ラーニング

　この度の改訂におけるもう一つの大きな話題は，アクティブ・ラーニングである。これは，一見簡単に見えるが意外に複雑である。昨今では，これを分かり易く表現して，「主体的・対話的で深い学び」という表現も頻繁にみられるようになった。

　そこで，文部科学省を含めて各所における考え方（定義を含む）について分析(1)した結果，アクティブ・ラーニングを２つに分けて対応するのが適切という結論に達したのである。まず，辞書的な意味としては，アクティブ・ラーニングは，まさに，Active（能動的な）Learning（学習）のことであり，学校教育においては，従来から重視されてきた概念でもある。特に，教育活動においては，児童生徒の学習が「主体的に」行われるように配慮することが常識的であり，教育実習などにおける学習指導案の作成に当たっては，必須の事項と言ってもよいだろう。

（1）大学におけるアクティブ・ラーニング

　中央教育審議会では，平成 26 年の文部科学大臣による諮問の前に答申が出され，この中にアクティブ・ラーニングという用語が登場している。これは，学習指導要領に関係するものではなく，大学教育への働きかけ（答申）（平成 24 年 8 月 28 日）であった。

　この要点は，大学教育において，「教員による一方的な講義形式の教育とは異なり，学修者の能動的な学修への参加を取り入れた教授・学習法の総称。学修者が能動的に学修することによって，認知的，倫理的，社会的能力，教養，知識，経験を含めた汎用的能力の育成を図る。発見学習，問題解決学習，調査学習等が含まれるが，教室内でのグループ・ディスカッション，ディベート，グループワーク等も有効なアクティブ・ラーニングの方法である（用語集より）。」このような答申が必要とされた背景には，大学において，「教員による一方的な講義形式の教育が行われている」との認識からである。

（2）小学校・中学校・高等学校におけるアクティブ・ラーニング

　下村博文文部科学大臣による中央教育審議会への諮問「初等中等教育における教育課程の基準等の在り方について（諮問）」（平成 26 年 11 月 20 日）の影響が大きいものと思われる。学校教育の関係者にとって，学習指導要領の改訂は最大の関心事である。この諮問の中において，アクティブ・ラーニングという用語は，5,000 文字程度の中に，4回記述されている。それぞれを引用して示せば，**図 1** の通りであり，改めてアクティブ・ラーニングについて，キーフレーズを連結して表現すれば，

　　　・「課題の発見と解決に向けて主体的・協働的に学ぶ学習」として，

　　　・「ICT を活用した指導の現状等を踏まえつつ」，

　　　・「学習評価の在り方や学習成果」を考慮して，

・「新たな学習・指導方法」

としてまとめることができる。

1回目：

　「何を教えるか」という知識の質や量の改善はもちろんのこと，「どのように学ぶか」という，学びの質や深まりを重視することが必要であり，課題の発見と解決に向けて主体的・協働的に学ぶ学習（いわゆる「アクティブ・ラーニング」）や，そのための指導の方法等を充実させていく必要があります。

2回目：

　育成すべき資質・能力を確実に育むための学習・指導方法はどうあるべきか。その際，特に，現行学習指導要領で示されている言語活動や探究的な学習活動，社会とのつながりをより意識した体験的な活動等の成果や，ICT を活用した指導の現状等を踏まえつつ，今後の「アクティブ・ラーニング」の具体的な在り方について・・・

3回目：

　育成すべき資質・能力を子供たちに確実に育む観点から，学習評価の在り方についてどのような改善が必要か。その際，特に，「アクティブ・ラーニング」等のプロセスを通じて表れる子供たちの学習成果をどのような方法で把握し，評価していくこと・・・

4回目：

　「アクティブ・ラーニング」などの新たな学習・指導方法や，このような新しい学びに対応した教材や評価手法の今後の在り方について・・・

図1．諮問にみられる「アクティブ・ラーニング」の出現について

3．中学校「技術・家庭」，及び，高等学校「情報」の改訂

　これらの改訂について，簡潔に述べれば，①「技術・家庭」科では，「情報に関する技術」から「情報の技術」に変更，②「情報」科では，「社会と情報」，「情報の科学」から，「情報Ⅰ」，「情報Ⅱ」に変更となっている。

　これらの詳細については，①「技術・家庭」科は**ユニット1-5**で，②「情報」科は**ユニット1-6及びユニット1-7**にてそれぞれ述べる。

参考文献

(1)松原伸一：情報学教育のカリキュラム・イノベーション-教職実践に向けて：新しい資質・能力と技術-，情報学教育研究（通算 7 号），pp.23-32, 2016.

問題

2つのアクティブ・ラーニングについて，それぞれを要約して示せ。

1-5 小・中学校の情報教育

小:プログラミング教育, 中:技術・家庭科

1. 小学校の情報教育

（1）プログラミング教育の導入までの経緯

　小学校での情報教育については，本来，「コンピュータに慣れ親しむ」というコンセプトのもとで始まっていたが，昨今ではプログラミング教育の必修化が話題となっている。

　そこで，まず，p.20の**表1**を参照しながら，プログラミング教育の導入までの経緯[1]について振り返りたい（**表1**）。

表1. プログラミング教育の歴史的経緯

	年月日	事項	備考
①	2013.6.14 (H25)	閣議決定	義務教育段階からのプログラミング教育等のIT教育を推進
②	2014.6.24 (H26)	閣議決定	初等・中等教育段階におけるプログラミングに関する教育の充実に努める
③	2015.5.14 (H27)	教育再生実行会議第七次提言	各学校段階を通じて，…プログラミング…などに関する指導内容や学習活動の充実を図る
④	2015.5.31 (H27)	第1回情報学教育フォーラム	テーマ:初等中等教育に一貫した情報学教育の充実に向けて　特に，初等教育段階におけるプログラミング教育について議論（於　早稲田大学）
⑤	2015.10.18 (H27)	第2回情報学教育フォーラム	テーマ:情報学教育における高大接続と連携（於　早稲田大学）
⑥	2016.4.19 (H28)	産業競争力会議（議長:安倍首相）	日本の若者には，第四次産業革命の時代を生き抜き，主導していってほしい。このため，初等中等教育からプログラミング教育を必修化します。一人一人の習熟度に合わせて学習を支援できるようITを徹底活用します。
⑦	2016.5.29 (H28)	第3回情報学教育フォーラム	テーマ:情報学教育の第2ステージ（於　大阪学院大学）
⑧	2016.12.21 (H28)	中央教育審議会答申	幼稚園，小学校，中学校，高等学校及び特別支援学校の学習指導要領の改善及び必要な方策等について（答申）
⑨	2017.3.31 (H29)	学習指導要領改訂	学校教育法施行規則の一部を改正する省令の制定並びに幼稚園教育要領の全部を改正する告示，小学校学習指導要領の全部を改正する告示及び中学校学習指導要領の全部を改正する告示等の公示について（通知）
⑩	2017.5.28 (H29)	第4回情報学教育フォーラム	テーマ:次世代を視野に入れたinnovativeな情報学教育（於　滋賀大学）
⑪	2018.2.28 (H30)	学習指導要領	小学校学習指導要領（平成29年告示）の発行
⑫	2018.3 (H30)	手引き（第一版）	小学校プログラミング教育の手引(第一版)公表
⑬	2018.5.27 (H30)	第5回情報学教育フォーラム	テーマ:情報学教育の新ルネサンス:人間性への回帰〜情報メディア教育の未来形〜（於　大阪学院大学）
⑭	2018.11 (H30)	手引き（第二版）	小学校プログラミング教育の手引(第二版)公表
⑮	2020.4.1 (R2)	実施	小学校学習指導要領　実施

学校教育へのプログラミングの導入に際しては，①及び②の閣議決定から始まり，③の教育再生実行会議を経て，⑥の産業競争力会議にて決定的となり，同年（2016年）の12月に，⑧の中央教育審議会答申を経て，⑨学習指導要領改訂に至っているのである。

⑫はプログラミング教育の導入を円滑に進めるために作成されたもので，第一版の公表の後，8か月後には，⑭の第二版が公表されている。

また，④⑤⑦⑩⑬は，筆者が主催するもので，当初は小学校におけるプログラミング教育を重要テーマに設定し，各回に設定されたテーマとは別に継続して議論された。

（2）プログラミング教育の現状

④及び⑤のフォーラム等を通じてわかったことは，小学校でのプログラミング教育について，教育現場のみならず，プログラミングについて習熟した情報学の専門家からも根強い批判があったということである。その意見の多くは，ハードウェア及びソフトウェアが難解な点，学習内容の対象となる各種分野が急速に変化している点，局所的な対応に追われて学校における教育的・本質的な点が欠けるといった問題が指摘されている。

また，小学校の教育にて「プログラミングの楽しさ」を教えるということも時折取りあげられる。前述の第1回情報学教育フォーラムにて，情報処理やプログラミングの経験者や専門家の皆様に，「それでは皆さんはプログラミングを行って楽しかったですか？」と質問したことがある。その際の答えの多くは，「苦労してプログラムができた時はうれしかったが，・・・」というもので，プログラミング自体は「楽しい」といえるものではなかったという意見が多かったのである。それでは，自身が必ずしも「楽しい」と言えないことを小学校で教えてどうするのかという疑問が新たに生じてきたのである。

もちろん，楽しいばかりが教育でなく，学習者の将来にとって重要かつ必要なものであれば，小学校においてもしっかりと導入することが重要である。この問題のポイントで重要かつ必要といえるのは何かということであり，「プログラムを作ること」だけにこだわるのではなく，スティーブ・ジョブズやビル・ゲイツのように，先を見通して解決をはかり，新しい何かを提案できることではないだろうか？と考えてしまう。

したがって，プログラミング教育に関係する種々の先入観や誤解を避けるために，まずは，「プログラミング教育」に代わる別の「良い表現（用語）」が必要である。そして，小学校においても受け入れられやすい表記の工夫が求められている。そこで，筆者は，プログラミング教育を**表2**のように，4つのStep（S1〜S4）に分類して表記し，L1〜L6のレベルに分けている[(2)]。

表2．プログラミング教育の４つのStepと６つのLevel

Step	名称	説明	Level
S1	プログラミング準備教育	小学校	L1
S2	プログラミング基礎教育	中学校	L2
S3	プログラミング教養教育	高等学校の普通科等 大学の非専門の学部等	L3 L4
S4	プログラミング専門教育	高等学校の工業科等 大学の工学部等	L5 L6

2．中学校の情報教育

　表3は技術・家庭科に「情報基礎」領域が設置されてから以降の改訂(3)を示している。

表3．技術・家庭科における情報教育

区分	Ⅰ	Ⅱ	Ⅲ	Ⅳ
実施年度	1993年度（H5）から 2001年度（H13）まで	2002年度（H14）から 2011年度（H23）まで	2012年度（H24）から 2020年度（R2）まで	2021年度（R3）から
名称	情報基礎	情報とコンピュータ	情報に関する技術	情報の技術
内容	(1)コンピュータの仕組み ア　コンピュータシステムの基本的な構成と各部の機能を知ること。 イ　ソフトウェアの機能を知ること。 (2)コンピュータの基本操作と簡単なプログラムの作成 ア　コンピュータの基本操作ができること。 イ　プログラムの機能を知り，簡単なプログラムの作成ができること。 (3)コンピュータの利用 ア　ソフトウェアを用いて，情報を活用することができること。 イ　コンピュータの利用分野を知ること。 (4)日常生活や産業の中で情報やコンピュータが果たしている役割と影響について考えさせる。	(1)生活や産業の中で情報手段の果たしている役割 ア　情報手段の特徴や生活とコンピュータとのかかわりについて知ること。 イ　情報化が社会や生活に及ぼす影響を知り，情報モラルの必要性について知ること。 (2)コンピュータの基本的な構成と機能及び操作 ア　コンピュータの基本的な構成と機能を知り，操作ができること。 イ　ソフトウェアの機能を知ること。 (3)コンピュータの利用 ア　コンピュータの利用形態を知ること。 イ　ソフトウェアを用いて，基本的な情報の処理ができること。 (4)情報通信ネットワーク ア　情報の伝達方法の特徴と利用方法を知ること。 イ　情報を収集，判断，処理し，発信ができること。 (5)コンピュータを利用したマルチメディアの活用 ア　マルチメディアの特徴と利用方法を知ること。 イ　ソフトウェアを選択して，表現や発信ができること。 (6)プログラムと計測・制御 ア　プログラムの機能を知り，簡単なプログラムの作成ができること。 イ　コンピュータを用いて，簡単な計測・制御ができること。	(1)情報通信ネットワークと情報モラルについて，次の事項を指導する。 ア　コンピュータの構成と基本的な情報処理の仕組みを知ること。 イ　情報通信ネットワークにおける基本的な情報利用の仕組みを知ること。 ウ　著作権や発信した情報に対する責任を知り，情報モラルについて考えること。 エ　情報に関する技術の適切な評価・活用について考えること。 (2)ディジタル作品の設計・制作について，次の事項を指導する。 ア　メディアの特徴と利用方法を知り，制作品の設計ができること。 イ　多様なメディアを複合し，表現や発信ができること。 (3)プログラムによる計測・制御について，次の事項を指導する。 ア　コンピュータを利用した計測・制御の基本的な仕組みを知ること。 イ　情報処理の手順を考え，簡単なプログラムが作成できること。	(1)生活や社会を支える情報の技術について調べる活動などを通して，次の事項を身に付けることができるよう指導する。 ア　（省略） イ　（省略） (2)生活や社会における問題を，ネットワークを利用した双方向性のあるコンテンツのプログラミングによって解決する活動を通して，次の事項を身に付けることができるよう指導する。 ア　（省略） イ　（省略） (3)生活や社会における問題を，計測・制御のプログラミングによって解決する活動を通して，次の事項を身に付けることができるよう指導する。 ア　（省略） イ　（省略） (4)これからの社会の発展と情報の技術の在り方を考える活動などを通して，次の事項を身に付けることができるよう指導する。 ア　（省略） イ　（省略）
選択 必修	選択	(1)～(4)は必修 (5)～(6)は選択	必修	必修
時間	20～30時間程度	40～50時間程度	20～30時間程度	20～30時間程度

区分Ⅰ以前の歴史を要約すれば，①職業科（1947年度～1950年度），②職業・家庭科（1951年度～1961年度）を経て，③技術・家庭科（1962年度～1992年）となる。

区分Ⅰでは，新領域「情報基礎」の設置が特徴で，技術分野には，木材加工，電気，金属加工，機械，栽培，情報基礎，の6領域があったのである。木材加工と電気が必修とされたが，情報基礎はコンピュータ等の設置状況に応じて実施するという趣旨から選択とされた。実際のところ履修率は高く，「限りなく必修に近い選択」といわれた。区分Ⅱでは，「領域選択制」を廃し，技術分野では，技術とものづくり，情報とコンピュータ，の2つに集約され，全体の1/6から1/2への拡大となった。区分Ⅲでは，前回の改訂で「ものづくり」の内容減少を受け，それを調整された結果，材料と加工に関する技術，エネルギー変換に関する技術，生物育成に関する技術，情報に関する技術，の4つとされ，情報の内容は，全体の1/4となった。区分Ⅳでは，構成としては，前とほぼ同様に，材料と加工の技術，生物育成の技術，エネルギー変換の技術，情報の技術，の4つでその数に変更はないが，「に関する」という曖昧な表現から「の」という表現に変更され，技術としての位置づけを明確にしたいという意図がみられる。**表4**はその内容である。

表4．「情報の技術」の内容

	情報の技術
内容	(1)生活や社会を支える情報の技術について調べる活動などを通して，次の事項を身に付けることができるよう指導する。 ア　情報の表現，記録，計算，通信の特性等の原理・法則と，情報のデジタル化や処理の自動化，システム化，情報セキュリティ等に関わる基礎的な技術の仕組み及び情報モラルの必要性について理解すること。 イ　技術に込められた問題解決の工夫について考えること。 (2)生活や社会における問題を，ネットワークを利用した双方向性のあるコンテンツのプログラミングによって解決する活動を通して，次の事項を身に付けることができるよう指導する。 ア　情報通信ネットワークの構成と，情報を利用するための基本的な仕組みを理解し，安全・適切なプログラムの制作，動作の確認及びデバッグ等ができること。 イ　問題を見いだして課題を設定し，使用するメディアを複合する方法とその効果的な利用方法等を構想して情報処理の手順を具体化するとともに，制作の過程や結果の評価，改善及び修正について考えること。 (3)生活や社会における問題を，計測・制御のプログラミングによって解決する活動を通して，次の事項を身に付けることができるよう指導する。 ア　計測・制御システムの仕組みを理解し，安全・適切なプログラムの制作，動作の確認及びデバッグ等ができること。 イ　問題を見いだして課題を設定し，入出力されるデータの流れを元に計測・制御システムを構想して情報処理の手順を具体化するとともに，制作の過程や結果の評価，改善及び修正について考えること。 (4)これからの社会の発展と情報の技術の在り方を考える活動などを通して，次の事項を身に付けることができるよう指導する。 ア　生活や社会，環境との関わりを踏まえて，技術の概念を理解すること。 イ　技術を評価し，適切な選択と管理・運用の在り方や，新たな発想に基づく改良と応用について考えること。

参考文献

(1)松原伸一：情報学教育の第2ステージ - 初等中等教育におけるプログラミング教育～教職実践・教員養成の在り方～，情報学教育論考，Vol. 3, pp.11-12, 2017.

(2)松原伸一：プログラミング教育ポリシー：次世代へのソフトランディング～4つのStep, 6つのLevel, 3つのPhase～，情報学教育論考，Vol. 3, pp.21-28, 2017.

(3)文部科学省：(各学習指導要領となるが，他所にて記述しているのでここでは省略)

[問題]
小学校と中学校の情報教育について，それらの特徴をまとめよ。

1-6 高等学校の情報教育 -1-

教科「情報」の概要，新設から改訂（その1）

1．教科「情報」の概要

　教科「情報」は，2つの教科を総称する名称である。例えば，新設当時には，これら2つの教科は，普通教科と専門教科の両方に「情報」という名称の教科が設置されたのである。そこで，これらを区別するために，当時，普通教科「情報」，専門教科「情報」というように表現したのである。その後の改訂に際し，普通教科は共通教科に変更になったが，専門教科の名称には変更がなかった。ところで，普通教科，共通教科，専門教科という表現は，教科「情報」に依拠するものではなく，高等学校の教育課程編成に依拠するものである。つまり，普通教科「数学」，共通教科「数学」という表現をしても間違いはないが，専門教科がないために区別する必要がないのである。

　表1は，高等学校に設置された普通教科「情報」および共通教科「情報」の改訂の概要を示したものである。

表1．普通教科，共通教科の情報

実施年度	2003年度(H15)から2012年度(H24)まで	2013年度(H25)から2021年度(R3)まで	2022年度(R4)から
教科	普通教科「情報」	共通教科「情報」※共通教科情報科	共通教科「情報」※共通教科情報科
科目数	3科目※3科目のうち，1科目が必修	2科目※2科目のうちいずれかが必修	2科目※情報Ⅰが必修
科目名	①情報A②情報B③情報C	①社会と情報②情報の科学	①情報Ⅰ②情報Ⅱ
各科目の内容	情報A(1)情報を活用するための工夫と情報機器(2)情報の収集・発信と情報機器(3)情報の総合的な処理コンピュータの活用(4)情報機器の発達と生活の変化　情報B(1)問題解決とコンピュータの活用(2)コンピュータの仕組みと働き(3)問題のモデル化とコンピュータを活用した解決(4)情報社会を支える情報技術　情報C(1)情報のディジタル化(2)情報通信ネットワークとコミュニケーション(3)情報の収集・発信と個人の責任(4)情報化の進展と社会への影響	社会と情報(1)情報の活用と表現(2)情報通信ネットワークとコミュニケーション(3)情報社会の課題とモラル(4)望ましい情報社会の構築　情報の科学(1)コンピュータと情報通信ネットワーク(2)問題解決とコンピュータの活用(3)情報の管理と問題解決(4)情報技術の進展と情報モラル	情報Ⅰ(1)情報社会の問題解決(2)コミュニケーションと情報デザイン(3)コンピュータとプログラミング(4)情報通信ネットワークとデータの活用　情報Ⅱ(1)情報社会の進展と情報技術(2)コミュニケーションとコンテンツ(3)情報とデータサイエンス(4)情報システムとプログラミング(5)情報と情報技術を活用した問題発見・解決の探求

27

表2は，高等学校に設置された専門教科「情報」の改訂の概要を示したものである。

表2．専門教科の情報

実施年度	2003年度(H15)から 2012年度(H24)まで	2013年度(H25)から 2021年度(R3)まで	2022年度(R4)から
教科	専門教科「情報」	専門教科「情報」 ※専門教科情報科	専門教科「情報」 ※専門教科情報科
科目数	11科目	13科目	12科目
科目名	①情報産業と社会 ②課題研究 ③情報実習 ④情報と表現 ⑤アルゴリズム ⑥情報システムの開発 ⑦ネットワークシステム ⑧モデル化とシミュレーション ⑨コンピュータデザイン ⑩図形と画像の処理 ⑪マルチメディア表現	①情報産業と社会 ②課題研究 ③情報の表現と管理 ④情報と問題解決 ⑤情報テクノロジー ⑥アルゴリズムとプログラム ⑦ネットワークシステム ⑧データベース ⑨情報システム実習 ⑩情報メディア ⑪情報デザイン ⑫表現メディアの編集と表現 ⑬情報コンテンツ実習	①情報産業と社会 ②課題研究 ③情報の表現と管理 ④情報テクノロジー ⑤情報セキュリティ ⑥情報システムのプログラミング ⑦ネットワークシステム ⑧データベース ⑨情報デザイン ⑩コンテンツの制作と発信 ⑪メディアとサービス ⑫情報実習

2．教科「情報」の新設

　平成10年（1998年）の教育課程審議会答申[1]は，教科「情報」の新設を確定するものであり，我が国の多くの人が情報教育に関心を寄せたのである。その内容は，言うまでもなく，高等学校に教科「情報」を新設し，普通教育に関する教科「情報」（普通教科「情報」）と専門教育に関する教科「情報」（専門教科「情報」）の2教科の設置を明確に示している点を強調したいが，学校教育全般では，自ら学び，自ら考える力など，いわゆる「生きる力」の育成を基本的なねらいとし「総合的な学習の時間」の創設などの方が注目されたのである。

　教科「情報」は，平成11年（1999年）の高等学校学習指導要領の改訂の際に新設され，平成15年（2003年）4月から，年次進行により段階的に実施されたのである。周知のごとく，教科「情報」は，中央教育審議会の下にある「家庭，技術・家庭，情報専門部会」の審議を経て，その後の状況の変化等を考慮し，平成21年（2009年）の改訂において，教科「情報」の新しいステージが示された。

3．教科「情報」の改訂（その1）

①共通教科「情報」の目標

　共通教科「情報」の目標は，「情報及び情報技術を活用するための知識と技能を習得させ，情報に関する科学的な見方や考え方を養うとともに，社会の中で情報及び情報技術

が果たしている役割や影響を理解させ，社会の情報化の進展に主体的に対応できる能力と態度を育てる。」と記されている。これは，すべての生徒が選択的に履修する科目である「社会と情報」と「情報の科学」の目標を包括して示したもので，4つの目標に分けて考えるとわかりやすい。共通教科「情報」では，個々の目標を相互に関連付けながら，情報化した社会の構成員として必須の素養である情報活用能力を確実に身に付けさせる教育の実現を目指すことになる。すなわち，①「情報及び情報技術を活用するための知識と技能を習得させ」ることは，情報教育の目標の3つの観点のうちの「情報活用の実践力」と「情報の科学的な理解」の育成に，次に，②「情報に関する科学的な見方や考え方を養う」ことは，「情報の科学的な理解」の育成に，また，③「社会の中で情報及び情報技術が果たしている役割や影響を理解させ」ることは，「情報社会に参画する態度」の育成に，それぞれ対応している。結局のところ，④「社会の情報化の進展に主体的に対応できる能力と態度を育てる」ことは，共通教科「情報」の最終的な目標である。ここで，「主体的に対応できる能力と態度」とは，情報社会に積極的に参画するための能力・態度と，情報社会の発展に寄与するための能力・態度ととらえている。そして，それぞれの能力・態度の育成は，「社会と情報」と「情報の科学」に担わせているのである。

②共通教科「情報」の科目構成

　共通教科「情報」は必修教科であり，「社会と情報」，「情報の科学」の2科目で構成される。どちらの科目も標準単位数は2単位であり，この2つの科目のうち，いずれか1科目を選択して履修することになっている。高校に入学するまでに，生徒達は，コンピュータや情報通信ネットワークなどを活用した様々な活動をしてきていると考えられ，その結果，その知識量や経験量について個人差が大きいものと推察される。したがって，高等学校段階では，情報やコンピュータ等についての興味・関心がはっきりしてきていると考えられるので，これら生徒の経験や興味・関心の多様性を考慮して，これらの2科目のうちから1科目を選択して履修できるように編成されている。

③共通教科「情報」の各科目
ア．各科目の目標

　「社会と情報」の目標は，**表3**（左）に示す。つまり，この科目のねらいを簡潔に述べれば，情報社会に積極的に参画する態度を育てることである。またその際，「情報を適切に活用し表現するという視点」から情報の特徴や情報社会の課題について，「情報モラルや望ましい情報社会の構築の視点」から情報化が社会に及ぼす影響について理解させ，情報機器や情報通信ネットワークなどを適切に活用して情報を収集，処理，表現するとともに効果的にコミュニケーションを行うために必要な基礎的な知識と技能を習得させることもねらいとなっている。一方，「情報の科学」の目標は，**表3**（右）の通りであり，

情報と情報技術を問題の発見と解決に効果的に活用するための科学的な考え方を習得させる点に特徴がある。

表3．各科目とその目標

科目	社会と情報	情報の科学
目標	情報の特徴と情報化が社会に及ぼす影響を理解させ，情報機器や情報通信ネットワークなどを適切に活用して情報を収集，処理，表現するとともに効果的にコミュニケーションを行う能力を養い，情報社会に積極的に参画する態度を育てる。	情報社会を支える情報技術の役割や影響を理解させるとともに，情報と情報技術を問題の発見と解決に効果的に活用するための科学的な考え方を習得させ，情報社会の発展に主体的に寄与する能力と態度を育てる。

イ．各科目の内容

各科目の内容は，**表4**に示すとおりである。「社会と情報」の内容は，(1)情報の活用と表現，(2)情報通信ネットワークとコミュニケーション，(3)情報社会の課題と情報モラル，(4)望ましい情報社会の構築，で構成される。「情報の科学」の内容は，(1)コンピュータと情報通信ネットワーク，(2)問題解決とコンピュータの活用，(3)情報の管理と問題解決，(4)情報技術の進展と情報モラル，で構成される。

表4．各科目の内容

	社会と情報	情報の科学
内容	**(1)情報の活用と表現** 　ア　情報とメディアの特徴 　イ　情報のディジタル化 　ウ　情報の表現と伝達	**(1)コンピュータと情報通信ネットワーク** 　ア　コンピュータと情報の処理 　イ　情報通信ネットワークの仕組み 　ウ　情報システムの働きと提供するサービス
	(2)情報通信ネットワークとコミュニケーション 　ア　コミュニケーション手段の発達 　イ　情報通信ネットワークの仕組み 　ウ　情報通信ネットワークの活用と 　　　コミュニケーション	**(2)問題解決とコンピュータの活用** 　ア　問題解決の基本的な考え方 　イ　問題の解決と処理手順の自動化 　ウ　モデル化とシミュレーション
	(3)情報社会の課題と情報モラル 　ア　情報化が社会に及ぼす影響と課題 　イ　情報セキュリティの確保 　ウ　情報社会における法と個人の責任	**(3)情報の管理と問題解決** 　ア　情報通信ネットワークと問題解決 　イ　情報の蓄積・管理とデータベース 　ウ　問題解決の評価と改善
	(4)望ましい情報社会の構築 　ア　社会における情報システム 　イ　情報システムと人間 　ウ　情報社会における問題の解決	**(4)情報技術の進展と情報モラル** 　ア　社会の情報化と人間 　イ　情報社会の安全と情報技術 　ウ　情報社会の発展と情報技術

参考文献

(1)文部省：教育課程審議会答申（平成10年7月），1998.

<hr>

問題

この改訂時の2つの科目（社会と情報，情報の科学）について，情報教育の目標の観点と対応させて考察し，それぞれの科目の特徴について考察せよ。

教科「情報」の改訂（その２）

　平成 30 年（2018 年）の改訂[(1)]では，各所の記述にて統一した表記となっているが，重複する文脈が多いのが特徴であり，また，ア，イ等の表記法も重複のため分かりにくいが，原文の趣旨をなるべく活かすようにして記述した。

１．共通教科「情報」の目標

　共通教科「情報」の目標は，情報に関する科学的な見方・考え方を働かせ，情報技術を活用して問題の発見・解決を行う学習活動を通して，問題の発見・解決に向けて情報と情報技術を適切かつ効果的に活用し，情報社会に主体的に参画するための資質・能力を次のとおり育成することを目指す。
　(1) 情報と情報技術及びこれらを活用して問題を発見・解決する方法について理解を深め技能を習得するとともに，情報社会と人との関わりについての理解を深めるようにする。
　(2) 様々な事象を情報とその結び付きとして捉え，問題の発見・解決に向けて情報と情報技術を適切かつ効果的に活用する力を養う。
　(3) 情報と情報技術を適切に活用するとともに，情報社会に主体的に参画する態度を養う。
と表記されている。

２．共通教科「情報」の各科目の目標と内容

　情報Ⅰの目標は，情報に関する科学的な見方・考え方を働かせ，情報技術を活用して問題の発見・解決を行う学習活動を通して，問題の発見・解決に向けて情報と情報技術を適切かつ効果的に活用し，情報社会に主体的に参画するための資質・能力を次のとおり育成することを目指す。
　(1) 効果的なコミュニケーションの実現，コンピュータやデータの活用について理解を深め技能を習得するとともに，情報社会と人との関わりについて理解を深めるようにする。
　(2) 様々な事象を情報とその結び付きとして捉え，問題の発見・解決に向けて情報と情報技術を適切かつ効果的に活用する力を養う。
　(3) 情報と情報技術を適切に活用するとともに，情報社会に主体的に参画する態度を養う。
となっている。
　情報Ⅱの目標は，情報に関する科学的な見方・考え方を働かせ，情報技術を活用して問題の発見・解決を行う学習活動を通して，問題の発見・解決に向けて情報と情報技術を適切かつ効果的，創造的に活用し，情報社会に主体的に参画し，その発展に寄与するための資質・能力を次のとおり育成することを目指す。
　(1) 多様なコミュニケーションの実現，情報システムや多様なデータの活用について理解を深め技能を習得するとともに，情報技術の発展と社会の変化について理解を深めるようにする。

(2) 様々な事象を情報とその結び付きとして捉え，問題の発見・解決に向けて情報と情報技術を適切かつ効果的，創造的に活用する力を養う。

(3) 情報と情報技術を適切に活用するとともに，新たな価値の創造を目指し，情報社会に主体的に参画し，その発展に寄与する態度を養う。

となっている。両科目の目標はほぼ同じであるが，「効果的に活用し」が「効果的，創造的に活用し」とされ，「参画するための」が「参画し，その発展に寄与するための」となっている。情報Ⅰ及び情報Ⅱの内容構成は，それぞれ**表1**及び**表2**の通りである。

表1．情報Ⅰの内容

	情報Ⅰ
内容	**(1)情報社会の問題解決** 　情報と情報技術を活用した問題の発見・解決の方法に着目し，情報社会の問題を発見・解決する活動を通して，次の事項を身に付けることができるよう指導する。 ア 次のような知識及び技能を身に付けること。 (ア)情報やメディアの特性を踏まえ，情報と情報技術を活用して問題を発見・解決する方法を身に付けること。 (イ)情報に関する法規や制度，情報セキュリティの重要性，情報社会における個人の責任及び情報モラルについて理解すること。 (ウ)情報技術が人や社会に果たす役割と及ぼす影響について理解すること。 イ 次のような思考力，判断力，表現力等を身に付けること。 (ア)目的や状況に応じて，情報と情報技術を適切かつ効果的に活用して問題を発見・解決する方法について考えること。 (イ)情報に関する法規や制度及びマナーの意義，情報社会において個人の果たす役割や責任，情報モラルなどについて，それらの背景を科学的に捉え，考察すること。 (ウ)情報と情報技術の適切かつ効果的な活用と望ましい情報社会の構築について考察すること。 **(2)コミュニケーションと情報デザイン** 　メディアとコミュニケーション手段及び情報デザインに着目し，目的や状況に応じて受け手に分かりやすく情報を伝える活動を通して，次の事項を身に付けることができるよう指導する。 ア 次のような知識及び技能を身に付けること。 (ア)メディアの特性とコミュニケーション手段の特徴について，その変遷も踏まえて科学的に理解すること。 (イ)情報デザインが人や社会に果たしている役割を理解すること。 (ウ)効果的なコミュニケーションを行うための情報デザインの考え方や方法を理解し表現する技能を身に付けること。 イ 次のような思考力，判断力，表現力等を身に付けること。 (ア)メディアとコミュニケーション手段の関係を科学的に捉え，それらを目的や状況に応じて適切に選択すること。 (イ)コミュニケーションの目的を明確にして，適切かつ効果的な情報デザインを考えること。 (ウ)効果的なコミュニケーションを行うための情報デザインの考え方や方法に基づいて表現し，評価し改善すること。 **(3)コンピュータとプログラミング** 　コンピュータで情報が処理される仕組みに着目し，プログラミングやシミュレーションによって問題を発見・解決する活動を通して，次の事項を身に付けることができるよう指導する。 ア 次のような知識及び技能を身に付けること。 (ア)コンピュータや外部装置の仕組みや特徴，コンピュータでの情報の内部表現と計算に関する限界について理解すること。 (イ)アルゴリズムを表現する手段，プログラミングによってコンピュータや情報通信ネットワークを活用する方法について理解し技能を身に付けること。 (ウ)社会や自然などにおける事象をモデル化する方法，シミュレーションを通してモデルを評価し改善する方法について理解すること。 イ 次のような思考力，判断力，表現力等を身に付けること。 (ア)コンピュータで扱われる情報の特徴とコンピュータの能力との関係について考察すること。 (イ)目的に応じたアルゴリズムを考え適切な方法で表現し，プログラミングによりコンピュータや情報通信ネットワークを活用するとともに，その過程を評価し改善すること。 (ウ)目的に応じたモデル化やシミュレーションを適切に行うとともに，その結果を踏まえて問題の適切な解決方法を考えること。 **(4)情報通信ネットワークとデータの活用** 　情報通信ネットワークを介して流通するデータに着目し，情報通信ネットワークや情報システムにより提供されるサービスを活用し，問題を発見・解決する活動を通して，次の事項を身に付けることができるよう指導する。 ア 次のような知識及び技能を身に付けること。 (ア)情報通信ネットワークの仕組みや構成要素，プロトコルの役割及び情報セキュリティを確保するための方法や技術について理解すること。 (イ)データを蓄積，管理，提供する方法，情報通信ネットワークを介して情報システムがサービスを提供する仕組みと特徴について理解すること。 (ウ)データを表現，蓄積するための表し方と，データを収集，整理，分析する方法について理解し情報技能を身に付けること。 イ 次のような思考力，判断力，表現力等を身に付けること。 (ア)目的や状況に応じて，情報通信ネットワークにおける必要な構成要素を選択するとともに，情報セキュリティを確保する方法について考えること。 (イ)情報システムが提供するサービスの効果的な活用について考えること。 (ウ)データの収集，整理，分析及び結果の表現の方法を適切に選択し，実行し，評価し改善すること。

表2．情報Ⅱの内容

	情報Ⅱ
内容	**(1)情報社会の進展と情報技術** 　情報技術の発展による人や社会への影響に着目し，情報社会の進展と情報技術との関係を歴史的に捉え，将来の情報技術を展望する活動を通して，次の事項を身に付けることができるよう指導する。 ア　次のような知識を身に付けること。 (ア)情報技術の発展の歴史を踏まえ，情報社会の進展について理解すること。 (イ)情報技術の発展によるコミュニケーションの多様化について理解すること。 (ウ)情報技術の発展による人の知的活動への影響について理解すること。 イ　次のような思考力，判断力，表現力等を身に付けること。 (ア)　情報技術の発展や情報社会の進展を踏まえ，将来の情報技術と情報社会の在り方について考察すること。 (イ)　コミュニケーションが多様化する社会におけるコンテンツの創造と活用の意義について考察すること。 (ウ)　人の知的活動が変化する社会における情報システムの創造やデータ活用の意義について考察すること。 **(2)コミュニケーションとコンテンツ** 　多様なコミュニケーションの形態とメディアの特性に着目し，目的や状況に応じて情報デザインに配慮し，文字，音声，静止画，動画などを組み合わせたコンテンツを協働して制作し，様々な手段で発信する活動を通して，次の事項を身に付けることができるよう指導する。 ア　次のような知識及び技能を身に付けること。 (ア)多様なコミュニケーションの形態とメディアの特性との関係について理解すること。 (イ)文字，音声，静止画，動画などを組み合わせたコンテンツを制作する技能を身に付けること。 (ウ)コンテンツを様々な手段で適切かつ効果的に社会に発信する方法を理解すること。 イ　次のような思考力，判断力，表現力等を身に付けること。 (ア)目的や状況に応じて，コミュニケーションの形態を考え，文字，音声，静止画，動画などを選択し，組合せを考えること。 (イ)情報デザインに配慮してコンテンツを制作し，評価し改善すること。 (ウ)コンテンツを社会に発信するときの効果や影響を考え，発信の手段やコンテンツを評価し改善すること。 **(3)情報とデータサイエンス** 　多様かつ大量のデータを活用することの有用性に着目し，データサイエンスの手法によりデータを分析し，その結果を読み取り解釈する活動を通して，次の事項を身に付けることができるよう指導する。 ア　次のような知識及び技能を身に付けること。 (ア)多様かつ大量のデータの存在やデータ活用の有用性，データサイエンスが社会に果たす役割について理解し，目的に応じた適切なデータの収集や整理，整形について理解し技能を身に付けること。 (イ)データに基づく現象のモデル化やデータの処理を行い解釈・表現する方法について理解し技能を身に付けること。 (ウ)データ処理の結果を基にモデルを評価することの意義とその方法について理解し技能を身に付けること。 イ　次のような思考力，判断力，表現力等を身に付けること。 (ア)目的に応じて，適切なデータを収集し，整理し，整形すること。 (イ)将来の現象を予測したり，複数の現象間の関連を明らかにしたりするために，適切なモデル化や処理，解釈・表現を行うこと。 (ウ)モデルやデータ処理の結果を評価し，モデル化や処理，解釈・表現の方法を改善すること。 **(4)情報システムとプログラミング** 　情報システムの在り方や社会生活に及ぼす影響，情報の流れや処理の仕組みに着目し，情報システムを協働して開発する活動を通して，次の事項を身に付けることができるよう指導する。 ア　次のような知識及び技能を身に付けること。 (ア)情報システムにおける，情報の流れや処理の仕組み，情報セキュリティを確保する方法や技術について理解すること。 (イ)情報システムの設計を表記する方法，設計，実装，テスト，運用等のソフトウェア開発のプロセスとプロジェクト・マネジメントについて理解すること。 (ウ)情報システムを構成するプログラムを制作する方法について理解し技能を身に付けること。 イ　次のような思考力，判断力，表現力等を身に付けること。 (ア)情報システム及びそれによって提供されるサービスについて，その在り方や社会に果たす役割と及ぼす影響について考察すること。 (イ)情報システムをいくつかの機能単位に分割して制作し統合するなど，開発の効率や運用の利便性などに配慮して設計すること。 (ウ)情報システムを構成するプログラムを制作し，その過程を評価し改善すること。 **(5)情報と情報技術を活用した問題発見・解決の探究** 　「情報Ⅰ」及び「情報Ⅱ」で身に付けた資質・能力を総合的に活用し，情報と情報技術を活用して問題を発見・解決する活動を通して，新たな価値の創造を目指し，情報と情報技術を適切かつ効果的に活用する資質・能力を高めることができるよう指導する。

3．専門教科「情報」の目標

　専門教科「情報」の目標は，「情報に関する科学的な見方・考え方を働かせ，実践的・体験的な学習活動を行うことなどを通して，情報産業を通じ，地域産業をはじめ情報社会の健全で持続的な発展を担う職業人として必要な資質・能力を次のとおり育成するこ

とを目指す。
- (1) 情報の各分野について体系的・系統的に理解するとともに，関連する技術を身に付けるようにする。
- (2) 情報産業に関する課題を発見し，職業人に求められる倫理観を踏まえ合理的かつ創造的に解決する力を養う。
- (3) 職業人として必要な豊かな人間性を育み，よりよい社会の構築を目指して自ら学び，情報産業の創造と発展に主体的かつ協働的に取り組む態度を養う。

4．専門教科「情報」の各科目の目標

専門教科「情報」の各科目の目標は**表3**の通りである。

表3．専門教科「情報」の各科目の目標

科目	目標
【共通事項】	情報に関する科学的な見方・考え方を働かせ，実践的・体験的な学習活動を行うことなどを通して，
①情報産業と社会	情報産業を通じ，地域産業をはじめ情報社会の健全で持続的な発展を担う職業人として必要な基礎的な資質・能力を次のとおり育成することを目指す。
②課題研究	社会を支え情報産業の発展を担う職業人として必要な資質・能力を次のとおり育成することを目指す。
③情報の表現と管理	情報産業の維持と発展を支える情報の表現と管理に必要な資質・能力を次のとおり育成することを目指す。
④情報テクノロジー	情報社会を支える情報テクノロジーの活用に必要な資質・能力を次のとおり育成することを目指す。
⑤情報セキュリティ	健全な情報社会の構築と発展を支える情報セキュリティの確保に必要な資質・能力を次のとおり育成することを目指す。
⑥情報システムのプログラミング	情報システムのプログラミングに必要な資質・能力を次のとおり育成することを目指す。
⑦ネットワークシステム	ネットワークシステムの活用に必要な資質・能力を次のとおり育成することを目指す。
⑧データベース	情報社会を支えるデータベースの活用に必要な資質・能力を次のとおり育成することを目指す。
⑨情報デザイン	情報デザインの構築に必要な資質・能力を次のとおり育成することを目指す。
⑩コンテンツの制作と発信	コンテンツの制作と発信に必要な資質・能力を次のとおり育成することを目指す。
⑪メディアとサービス	メディア及びメディアを利用したサービスの活用に必要な資質・能力を次のとおり育成することを目指す。
⑫情報実習	情報産業を担う情報技術者として必要な資質・能力を次のとおり育成することを目指す。

参考文献

(1)文部科学省：高等学校学習指導要領（平成30年告示）解説 情報編，2019.

問題

共通教科「情報」，及び，専門教科「情報」のそれぞれの教科の特徴について考察して論述せよ。

第2章

情報メディア

－ 導入編 －

ICT超活用

　ICT超活用とは，人間性への回帰をテーマに，感性に響く，理性に届く，知性に繋ぐソリューションとして，現状を超えるために，視野を超え，機会を超え，範囲を超えて，新しいICTの活用を提案するものである※1。詳細については，本章の項目を参照されたい。

　そもそもICTとは，Informatin and Communication Technologyの略で情報通信技術と訳される。特に，教育界では「ICT活用」という用語が定着し，PCのほかに，電子黒板やタブレットなどの情報通信機器をICTと称し，その教育への活用に関心がある。その際，ICT活用は，視聴覚教育で良いのかという難問が浮上する。つまり，テキストの閲覧，音声・動画の視聴がICT活用の主たる機能（醍醐味）と考えて良いのだろうか？

　そのためには，DVD機器やカセットテープ再生機などのように，従来型の教育機器をICTに代替するだけでは不十分であり，従来の視聴覚機器としての域を超えることが重要である。これからの新しい社会を豊かに過ごすには，ICTは欠かせない。情報の安全や健康についてはもちろんであるが，社会化したメディアとしての情報端末を活用するにあたり，新しい着想が求められている。

　ところで，「教員は役者だ」と言われることがある。それは，教室には教壇があり，それをステージ（舞台）と考えて，学習指導案を教師自ら作成して，舞台の上で子供たち（観客）の前で，教示する（演じる）ということを意味している。しかしながら，「本物の役者」の場合はどうだろう。番組制作をイメージすれば，役者の他に，プロデューサー，ディレクター，アシスタントなどが活躍し，役者は作家・脚本家等が作成した台本をもとに，カメラの前で演じるのである。このことは，教師の多大な仕事量を浮き彫りにしている。単にビデオを再生する程度のことであれば，特別な知識やスキルを要しないが，ICTでは，場合によっては，高度な知識やスキルを要求される場合もある。事例から学ぶということは，活用例を知ることである。その際，他者からの提示ではなく，

　　・～ができないので(ICT)で何とかならないか？

　　・～では，生徒が誤解するので，どうしたら正確に伝えられるか？

　　・～では，効率が悪いので，何とかならないか？

などのように，自らの実践の中から噴出する要求が重要である。つまり，ICTの活用が目的ではなく，それを活用することにより，何を期待するか，が重要であり，必ずしもICTのみで解決する必要はない。

※1.「ICT超活用」，「情報学教育ニュース」で検索して下さい。

人間性への回帰

シンギュラリティ，新ルネサンス

1．人工知能が人間知能を超える：シンギュラリティ

　人間性への回帰という考え方は，情報学・次世代教育として情報メディア教育を構想した際に，その中心概念の1つとして取り上げたものである[1,2]。その起点となるものは，言うまでもなく，人工知能（AI）であり，とりわけ，シンギュラリティである。

　ところで，Kurzweil・徳田による著書[3]には，未来への提言として，①テクノロジーは加速する，②テクノロジーの3つの革命，③テクノロジーと人間の未来，の3つのChapter（章）で構成され，「ポスト・ヒューマン誕生の衝撃」を伝えている。

　①では，コンピュータの歴史がそれを証明している。いわゆる「ムーアの法則」である。そして，生物とテクノロジーの進化には，E1.物理と科学：原子構造の情報，E2.生物：DNAの情報，E3.脳：ニューラル・パターンの情報，E4.テクノロジー：ハードウェアとソフトウェアの設計情報，E5.テクノロジーと人間の融合：生命のあり方がテクノロジーによって統合される，E6.宇宙の覚醒：拡大した人間の知能が宇宙の隅々に行きわたる，という6つのエポックがあるとし，現在はE4からE5へ向かう最中であるという。

　②では，遺伝子の革命，ナノテクノロジーの革命，ロボット工学の革命，の3つの革命について説き，人間の体内を極小なロボットが駆けめぐるようになり，新たな医薬品の登場となる。

　③では，テクノロジーは完全か／拡張する身体／人間社会とロボット／人間の要求にあったテクノロジーは必ず普及する，というように論が進み，2045年の特異点（技術的特異点，Singularity）に至る。

　Kurzweil氏によれば「特異点とは，われわれの生物としての思考と存在が，みずからの作り出したテクノロジーと融合する臨界点であり，その世界は，依然として人間的ではあっても生物としての基盤を超越している。特異点以後の世界では，人間と機械，物理的な現実とヴァーチャル・リアリティとの間には，区別が存在しない」という。なお，我々の知識の量も加速度的に増えているという。単に科学や技術の知識だけではなく，音楽や芸術や歴史や文学など，あらゆる知識が存在し，わたしたちはあらゆる分野で加速を続ける知識の最前線からの挑戦に向き合わなければならないという。

　すなわち，このように新しい時代が来るがゆえに，情報メディア教育を考察すれば，感性に響き，理性に届き，知性に繋ぐ人間性への回帰が求められる。

２．人工知能は何ができないか

　昨今では，人工知能の話題は尽きることがない。関係者の中では「人工知能バブル」と言われることもある。前述のように，人工知能の進展は，Singularity という象徴的な用語で表現され，未来社会は人類にとって期待でもあり恐怖でもあり，人工知能批判に関して，「ロボットに心はあるか」という課題は深淵でもある。

　武野[4]によれば，長きにわたるロボット研究者として，現代の脳科学や認知科学の研究成果をもとに，「ロボットの心」について考察している。それは，結局のところ，ヒトとは何かという問題であり，同時に，精神とは何かという課題に直面する。その際，脳神経のネットワークがすべてを決めていると論述し，精神とはプログラムなのか，そして，精神が肉体から離れることができるのか，それとも，精神と肉体は一体なのか，また，ヒトを理解できる道具は実現できるか，…といった難問に考察を加えている。一方，コンピュータが出現した時，物質（Material）とエネルギー（Energy）に，新たに情報（Information）が加わったというが，物質はエネルギーに変換可能であるから，これらは物理的に同じという考えが定着している。しかしながら，物質と情報を変換する式はまだない。これが「心が存在する・しない」という混乱のもとになっているという。

　そもそも，人工知能批判の根幹には，心とは人間特有のもので，仮に同じような機能が機械により実現できたとしても，それが機械であるかぎり，それはあくまでも心の疑似的な作用であって心ではない，と判断される[5]。

　深層学習（ディープラーニング）という技術が大幅に発達し，それまでコンピュータには解決不可能だった問題が，計算可能な問題として処理できるようになった。このような状況は，人工知能の自律性を象徴するものであり，機械学習に関係する諸学問の成果といえるだろう。ところで，深層学習に関する研究の基礎には，ニューラルネットワークやニューロ・コンピュータなどの専門分野をイメージする専門家も多いかも知れない。筆者が学生・院生の時代，この分野への期待はあったものの，当時としては相当に高い壁であり，良い結果がなかなか得られない状況で，学術的な成果を得るのに困難な時期であったことを記憶している。人工知能における機械学習の諸理論は，ある意味で，人間の教育・学習の理論と大きく関係するところもあり，加速度的な（或いは，指数関数的な）発展を遂げる機械（人工知能）にとって，人間にはない新しい発想による学習理論が見え隠れしている。結局のところ，人工知能について考察すればするほど，人間研究に回帰するとともに，人工知能とは何かという問題に帰結する点が興味深い[6]。

　そこで，我々に課せられた大きな使命とは何だろうか。次世代を視野に入れて人工知能やロボットなどに象徴される未来社会を覗いてみれば，人間性への回帰こそが重要であり，新たな人間性発見とともにその拡張がこのような新しい時代を積極的に，生産的に，効果的に生き抜くための必要かつ重要な条件と言わざるを得ない。

3．新ルネサンス（人間性への回帰）

　西洋の歴史を振り返るとき，時代区分については諸説あるものの，およそ 1000 年にも及ぶ中世（5c～15c）の時代を避けることはできない。Liberal Arts とは，古代ギリシアにその源流が見られるが，西洋の大学制度において，特に中世以降，人を種々の拘束から自由にするもので，一般教養として人が身につけるもの（学問）とされ，これを学芸と訳される。西洋にて大学が誕生した時，自由七科（文法，修辞学，弁証法（論理学），算術，幾何，天文学，音楽）が定められていた。

　一方，日本では，「頼朝は鎌倉殿として御家人たちと主従関係をむすび，先祖伝来の地の支配を認めたり（本領安堵），敵方没収地など新たに領地を与える（新恩給与）などの御恩を施した。御家人は，戦時の軍役，平時の京都大番役・鎌倉番役などの奉公にはげんだ。ここに，鎌倉殿（将軍）と御家人との土地を媒介とする主従関係，すなわち封建制が成立した」(7)とある。つまり，日本における中世（封建時代）は，西洋と比較して大きく異なり，大学制度についても同様である点を再認識しておく必要があるだろう。

　「ルネサンスとは，ビザンツ帝国やイスラーム世界を通じて伝えられたギリシア・ローマの古典文化を模範として，人間らしい生き方を追求しようとする文化運動である」と記される(8)。西洋音楽は，中世の長期における文化に支えられ，その結果，音楽用語にはイタリア語が多い(9)。ところで，ルネサンスとは再生・復活の意味をもつ。ルネサンス発祥の地（Firenze）の Uffizi を訪れた時，リナシメント（Rinascimento）ではなく，ルネサンス（Renaissance）というフランス語が定着している点は興味深かった。

　もし 500 年前の天才，ミケランジェロが今日によみがえったら，彼は苦悩するだろうか，それともふたたび成功するだろうか。筆者にとって，この問いかけは今の時代を考察する上でとても新鮮な感触を得るものであった。人類はルネサンスの佳作を注意深く保存し大切に継承してきたが，天才的偉業を成し遂げた芸術家たちは，実は普遍的な美の時代ではなく，かなり騒がしい時代を生きていたという(10)。当時も，新たな世界／新しい地図／新しいメディアに加えて，新たな絡み合い／貿易／金融／人／テクノロジー，…，などが時代を象徴する事項において，現在と共通している。

4．人工知能と人間知能の連携

　「AI と人類は共存できるか」という著書(11)は，人工知能学会創立 30 周年記念出版で，「倫理」，「社会」，「政治」，「信仰」，「芸術」の 5 つの異なるアプローチで，人工知能（AI）が普及した未来社会が描かれている。そこには，芸術と人間と人工知能の関係が，4 通りで示されている（**図 1**）。

筆者は，情報メディア教育の新しい展開を考察するにあたり，「人間と人工知能が連携して活動する場面」を加えることが重要であると考えている。この条件を入れて，細かな分類をすれば種々考えられるだろう。ここでは，人間と人工知能が連携して芸術を創作する場面に注目して分類すれば，**図2**のように3つに集約できる。そして，特に注目したいのは，言うまでもなく⑦である。

①人間が芸術を創作し，人間がそれを鑑賞する。 ②人工知能が芸術を創作し，人間がそれを鑑賞する。 ③人工知能が芸術を創作し，人工知能がそれを鑑賞する。 ④人間が芸術を創作し，人工知能がそれを鑑賞する。

図1．芸術と人間と人工知能の関係1

⑤人間と人工知能が連携して芸術を創作し，人間がそれを鑑賞する。 ⑥人間と人工知能が連携して芸術を創作し，人工知能がそれを鑑賞する。 ⑦人間と人工知能が連携して芸術を創作し，人間と人工知能が連携して鑑賞する。

図2．芸術と人間と人工知能の関係2

参考文献

(1)松原伸一：作曲とプログラミング：Score（楽譜）とCode（プログラム）～プログラミング教育ポリシーの拡張と深化～，情報学教育論考，Vol.4，pp.19-26，2017.

(2)松原伸一：情報学・次世代教育の新しい展開－情報学教育ポリシーの拡張と深化－，情報学教育研究，通算13号，pp.17-24，2018.

(3)Kurzweil, R., 徳田英幸：NHK未来への提言：レイ・カーツワイル 加速するテクノロジー，日本放送出版協会，2007.

(4)武野純一：心をもつロボット‐鋼の思考が鏡の中の自分に気づく！‐，日刊工業新聞社，2011.

(5)Hubert, L.D.［著］／黒崎政男，村若修［訳］：コンピュータには何ができないか‐哲学的人工知能批判‐，産業図書株式会社，1992.

(6)松尾豊［編著］：人工知能とは，人工知能学会［監修］，㈱近代科学社，2016.

(7)君島和彦ほか：高校日本史B，実教出版，2016.

(8)曽田三郎ほか：高等学校 改訂版 世界史A，第一学習社，2017.

(9)今谷和徳：新版 中世・ルネサンスの社会と音楽，㈱音楽ノ友社，2006.

(10)Goldin, I., and Kutarna C.［著］／桐谷知未［訳］（2017）新たなルネサンス時代をどう生きるか，開花する天才と増大する危険，㈱国書刊行会，

(11)長谷敏司ほか［著］／人工知能学会［編］：AIと人類は共存できるか？‐人工知能SFアンソロジー，早川書房，2016.

問題

情報メディア教育において，人工知能と人間知能の連携を考える時，人間性への回帰が必要な点について，自らの考えをまとめて述べよ。

2-2 超多様性への対応

超高齢化から超多様社会へ，AGAA（芸活）

1．学校教育の現状と課題

　学校教育の現場では，ICT 活用は喫緊の重要な課題となっている。文部科学省では，教育の情報化の取組みの中で，長年にわたり，積極的に進められてきている。なお，昨今では，初等中等教育におけるプログラミング教育の必修化や，大学入学センター試験に代わる新しい入試の改革等に関係して，CBT（Computer Based Testing）の導入も示され，情報教育（情報メディア教育を含む）の視野も拡大している。

　一方，ICT の進展は，ソーシャルメディアを中心に目覚ましく進展・変化している。特に，学校教育における学習者，すなわち，児童・生徒たちにとっては，魅力的であり，日常のコミュニケーションにおいても常識化しているのが現状であり，日々新しいアプリが登場したり，既出のアプリに新機能・新サービスが提供されたりするようになっている。それをポジティブにみれば，新しいホビーを創出させ，新しい生き方を想起して，新しいビジネスチャンスを生むため，わくわくする社会の登場と言えるかもしれない。その一方で，それをネガティブにみれば，予想もできなかったことがもとで，新たな問題を生じ，新たにコンフリクトを生じて，新たな教育が求められる。

　以上のことを踏まえれば，時代の流れと特徴を正確に読み解き，来るべき望ましい社会の構築と参画するためには，新しい教育が求められ，そこに多くの課題が山積している。筆者はそれを多様性という視点で解決の指針を求めたい。

2．超高齢社会から超多様社会へ

　超高齢社会とは，文字通りに解釈すれば，高齢社会を超えた社会であり，具体的に表現すれば，総人口に占める高齢者の割合が高齢社会よりも高くなった社会と言える。ここで，高齢者

表1．高齢化率とその名称

高齢化率	名称	我が国の場合
7％超	高齢化社会	1970 年に
14％超	高齢社会	1994 年に
21％超	超高齢社会	2007 年に

とは，WHO（世界保健機関）では 65 歳以上とし，高齢者の人口が総人口に占める割合を高齢化率と呼び，それが 7％を超えると「高齢化社会」，14％を超えると「高齢社会」，21％を超えれば，「超高齢社会」としている。ところで，我が国においては，1970 年に高齢化社会に，1994 年に高齢社会に，2007 年には「超高齢社会」になっている（**表1**）。

したがって，我が国においては，超高齢社会に突入して，既に 12 年程度が経過し，この状況を踏まえれば，年齢や性別を超えて互いに交流して豊かに生活できる環境の整備が必要であり，そのために情報学教育は重要な役目を担っていると筆者は判断している。

　以上を踏まえれば，情報メディア教育に関係する多様性については以下の通りである。

①知能の多様性（超知能）：これは，「多様な人間の知能」と「多様な人工の知能」，及び，「人間と人工の相互作用による新たな多様性」を意味する。

②年齢・性別等の多様性（超世代）：これは，年齢ごと，性別ごとなどにまとめられた集団におけるコミュニティだけでなく，年齢を超えて，性別を超えて成立するコミュニティに視野を広げ，その際の多様性を示すものである。

③スキルの多様性（超スキル）：これは，それぞれの個人が持つスキルの多様性，コンピュータ（人工）が持つスキルの多様性を意味し，全体として見られる総体としてのスキルの多様性を示すものである。

④嗜好の多様性（超嗜好）：これは，それぞれ個人の価値観に基づき，嗜好（好き嫌い，得意・不得意，適・不適などを含む）の多様性や，同時に，人工における嗜好の多様性とともに，全体としての嗜好の多様性を示すものである。

⑤活動場所・時間の多様性（超空間，超時間）：これは，それぞれの個人の活動場所（学校，職場，家庭，レジャー等の場所）やその時間の多様性と，人工における多様性（空間的・時間的特性）と合わせた全体としての多様性を示している。

⑥その他の多様性：これは，上記に示せなかった数多くの多様性で，例えば，ユニバーサルな視点，インクルーシブな視点などに加え，コンバージェントな視点，ダイバージェントな視点やイノベーティブな視点なども考慮に入れたいものである。

3．AGAA（All Generations Arts Activities）の必要性

　AGAA とは，年齢を超えて，性別を超えて，その他種々の違いを超えて，全ての世代が自由に参加し，広い意味での芸術において，それを創作したり表現したり或いは享受したりする活動を支える環境のことで，全世代参加型広義芸術活動（芸活）と表現している。表現が長いので，簡単に芸活でもよいとしている。

　AGAA の環境としては，Web サイトと SNS にて展開している。Web サイトについては，「AGAA」で検索をお願いしたい。また，SNS については，Twitter 公式アカウント（@DKRK_1）が既に開設されている。

　ところで，Arts とは何だろうか？上記の公式アカウントでは，**図1**のようにツイート（表現）している。

・ステキなイラスト
・面白い画像
・心に響く楽曲
・リズムあふれるダンス
それから〜

図1．Arts とは
（Twitter の公式サイトより）

一方，情報学教育研究会の Twitter 公式アカウント（@sigise）では，新企画 AGAA 環境における視野として，**図2**に示すようにツイートしている。

筆者が定義する広義芸術とは，新しい時代・社会における必要不可欠な教養（新リベラルアーツ）として位置づけたい。

アーツもいろいろですがー
新企画 AGAA 環境における視野は，
・Fine Arts（芸術）
・Musical Arts（音楽，芸術）
・Literary Arts（文芸）
・Liberal Arts（学芸）
・Mathematical Arts（数芸）
・Industrial Arts（工芸）
・Performance Arts（舞台芸術など）
・Media Arts（情報メディア芸術など）
などの多様なアーツになります。

図2．Arts のいろいろ

4．情報メディア教育の未来像

この課題は難解であるが，筆者は，情報メディア教育について，過去から未来に向けて，ファースト・ダズン（2006-2018），セカンド・ダズン（2018-2030），サード・ダズン（2030-2042）のように 12 年ごとに区分して論じている[1]。

現時点における各種資料等を参考に，総務省や超教育協会[2]

超高齢社会，人口減少時代を迎えるにあたり
↓
社会参加・労働参加の多様な在り方が求められ
↓
ICT の活用をより拡大させて
↓
年齢，性別だけでなくおよそ全ての違いを超越して
↓
誰でもが，自らの個性や能力を発揮して
↓
豊かな生活を享受できる社会の実現

図3．求められる社会

なども視野に入れて整理すると，**図3**のようになる。また，その際の情報学教育における役割は，①情報学教育の内容と視野（Info-Scope），②情報学教育の方法と手段（Info-Tech），③情報学教育の環境と体制（Info-System）として整理している。

①情報学教育の内容と視野（Info-Scope）

これは，情報やメディアに関する知識を体系的に示したもので，現実空間と仮想空間の重畳による作用を意識して構成している。筆者はそのような社会をソーシャルメディア社会と呼び，新しい教育内容を「情報学修」とし，その内容を提案している[3]。ここでは，今回のテーマに合わせ再整理して示すと次のようになる。

・情報倫理とモラル（仮想空間における情報の倫理とモラル）
・情報人権とイクイティ（仮想空間における情報の人権や平等性）
・情報社会とコミュニティ（仮想空間の重畳による社会とマルチコミュニティ）
・情報経済とビジネス（仮想空間における情報に関する経済と仕事）
・情報法規とコンプライアンス（仮想空間における法とその遵守）

・情報健康とダイナミズム（仮想空間における心身の健康と活力）

・情報公開とデモクラシー（仮想空間における情報の取扱いや民主的思考）

②情報学教育の方法と手段（Info-Tech）

　これは，いわゆるICTの有効活用が主題である。筆者は，これを特にICT超活用と呼び，学校教育における従来のICT活用の域を超えたいと考えている。詳細は該当の文献に譲りたいが，ここでのテーマに合わせて，整理して（一部発展させて）表現すれば下記の通りとなる。

　ICT超活用とは次のように定義される。すなわち，

　　ア．人間性へ回帰することをテーマに，

　　　・感性に響く（Info-Arts），理性に届く（Info-Ethics），知性に繋ぐ（Info-Science）
　　　　ためのソリューションとして，

　　イ．活用の現状を超えることを目的に，

　　　・対象の視野を超える，学習の機会を超える，活用の範囲を超える

ことをプロポーザルとして，新しいICTの活用を志向するもので，来るべき新しい社会の実現に向けて，常に「超える」ということを意識して新しい活用が求められる。

③情報学教育の環境と体制（Info-System）

　これは，来るべき新しい社会において達成されるべき課題で，年齢を超えて，性別を超えて，その他，概ねすべての違いを超えて，交流が可能な環境の形成・整備となる。

　その際，前述のように，誰でもが参加できる活動分野として「アーツ（Arts）」を視野に入れている。この際の「アーツ」とは，純粋に芸術・美術（Fine Arts）というだけでなく，学芸・教養（Liberal Arts）や工芸・技術（Industrial Arts）など多くのアーツ（Arts）を含んでいる。

参考文献

(1)松原伸一：超多様社会における情報学教育：K-12 から K-all へ - AGAA（All Generations Arts Activities：全世代参加型広義芸術活動）-，情報学教育研究，通算 15 号，pp.13-20，2019.

(2)超教育協会（http://lot.or.jp/）については，設立記念シンポジウムが，2018 年 5 月 29 日に慶應義塾大学三田キャンパスで開催され，リセマムには，野田聖子総務大臣や三菱総合研究所理事長の登壇などについての掲載がある。

(3)松原伸一：ソーシャルメディア社会の教育～マルチコミュニティにおける情報教育の新科学化～，開隆堂，2014.

|問題|

情報メディア教育において，超多様性への対応として自らの意見をまとめて論述せよ。

2-3 創造的想像と試行的思考

これからの社会で求められる資質・能力

1．入試問題に学ぶ

　入試は，いつの時代でも常に関心が高く，その時々の社会の課題が反映される。昨今の入試改革では，アドミッションポリシーがキー概念となっている。これは，大学などの学校が表明する「入学者受入れの方針」のことで，「どんな人に入学してほしいのか」を明確に示すものである。ほかに，カリキュラムポリシー（教育課程編成・実施の方針），ディプロマポリシー（卒業認定・学位授与の方針）があり，これらを合わせて，「3ポリシー」，または，「3ポリ」と呼ばれることもある。

（1）オックスフォードとケンブリッジの入試問題

　まず，オックスフォード大学とケンブリッジ大学の入試問題[1]を取り上げる。そこには，60に及ぶ問題と解答例が示されているが，ここでは，問題を例示する（**図1**）。

　いずれの問題においても，幅広い知識を背景にして，自ら論を構築し，言語的な手段にて，相手に考えを提示し納得させなければならない。例えば，「あなたはまだ自分を利口だと思いますか？」という問題については，情報学教育にも共通する本質的で重要なポイントが再帰的に内在していると理解している。つまり，この場合，Yesと答えても，Noと答えても罠にはまることになり，論理学専攻の学生なら「複合的誤謬質疑」と呼ぶかもしれない[2]。いずれ

```
オックスフォード大学
・過去に戻れるとしたらいつにしますか，ま
　た，それはなぜですか？（法学）
・もし，全能の神がいるとしたら，彼は自身
　がもち上げられない石を創ることができる
　でしょうか？（古典学）
・幸せだ，とはどういうことですか？（哲
　学，現代言語学）
・コンピュータは良心をもつことができるで
　しょうか？（法学）

ケンブリッジ大学
・あなたは自分を利口だと思いますか？（法
　学）
・歴史は次の戦争をとめ得るでしょうか？
　（歴史学）
・あなたならリンゴをどう説明しますか？
　（社会学，政治学）
・木を描くとします。その木は現実のもので
　すか？（現代言語学，中世言語学）
```

**図1．オックスフォード大と
ケンブリッジ大の入試問題の例**

にしても，このように解答が困難な問題に直面し思考することで利口になるという。すなわち，結果（答え）よりもプロセス（問題解決のための思考過程）の方が重要であり，その著書に記された解答例は，いわゆる「正解を導くためのもの」ではなく，「思考」を表出するための場を設定するものである。

　筆者は授業の中で上記のような質問を学生に投げかけることがよくあり，その旨を著

書（教科書）にまとめている[3]。つまり，正解を一意に決定できない「オープンエンドな問題」を提示して，思考の活性化につなげたいと考えていたが，入試問題とは思い切った決断だと敬服したい。

（2）「他人が握ったおにぎり」問題

次は，日本の大学の入試問題[4]（**図2**）である。この入試問題については，筆者の授業でも取り扱ったが，学生の皆さんに聞いてみて驚きだったのは，他人の握ったおにぎりが食べられないとする学生が確かにいることであり，それも少数ではなかったのである。その理由は，衛生面での心配が多かったが，そもそも他人が触ったものを食することへの抵抗もみられた。その中

> 横浜市立大学医学部医学科　小論文
> （平成31年度）
> 【問　題】
> 高校の授業の一環として稲刈りの体験作業があり，あなたはそれに同伴した指導者です。農家の高齢の御夫婦が，お礼にとおにぎりを握って持ってきてくれました。しかし多くの生徒は知らない人の握ったおにぎりは食べられないと，たくさん残してしまいました。これについてあなたはどう考え，生徒や農家の方とどのように話しますか。1,000字以内でまとめなさい。

図2．横浜市立大学医学部医学科の入試問題の例

には，友達などの他人の家で食事することにも抵抗があるとする学生もいたほどである。

この問題の背景には，嗜好，習慣，家庭環境などに限らず，様々な要因による複雑な事項があり，思考活性化に際して，なかなか興味深い話題であることに気づいたのである。筆者は大学教員であるが，この問題を出した大学の者ではないので，問題の採点について言及できる立場にはないが，筆者の授業展開の中での重要とした点を簡潔にまとめると，「何が正解か」という視点では解決が難しく，自らの主張を整理して読者（この場合は採点者）に納得させることのできる表現力・説得力が求められている点である。

2．アクティブ・ラーニングによる資質・能力と技術

アクティブ・ラーニングは，「主体的・対話的で深い学び」と称されるように，一般的には「教授学習の方法」として認識されている。筆者はこれを「教育方法」として捉えれば，もう一つの側面，すなわち，「教育内容」としての分析・提案が求めらることに気づき，アクティブ・ラーニングにより培われる「資質・能力」と「技術」について論じたい。

岡田[5]によれば，オックスフォード大学で受けた授業経験を振り返り，日本人に欠けている次の6つの能力を指摘している（**表1**）。

また，岡田[6]によれば，「自分の頭で考え，伝える技術」として，「思考・伝達プロセス」を次の5つの流れによって構成されるとしている（**表2**）。

表1．日本人に欠けている6つの能力

		説明	補足
①	統率力	自然に人の上に立ち，他の者をリードする力	人と集団を成功へと導く
②	創造力	模倣を繰り返し，そこから斬新な発想を生む力	非連続の発想を実現する
③	戦闘力	相手の意思を尊重しながら，結果的に自身の主張を通す力	チームワークで勝ち抜く
④	分解力	問題解決の近道として問題の所在を分析する力	正解のない問題に向き合う
⑤	冒険力	試練や苦難を糧として邁進する力	慣例や予定調和を打破する
⑥	表顕力	自身を深く印象付ける力	相手に最高の印象を与える

表2．思考・伝達プロセスと生産流通管理システム

思考・伝達のプロセス	生産流通管理システム
①「自分の頭で考え，伝える」ために必要な「準備の技術」	準備（計画）
②自由な学習環境の中で培われる「自分の頭で考える技術」	考える（生産）
③厳しい知的鍛錬によって考えたことをもとに「言語を作る技術」	言語化する（包装）
④多様な人々とのコミュニケーションを通じて養われる「伝える技術」	伝える（流通）
⑤自身の行動を振り返り，改善につなげる「フィードバックの技術」	フィードバック（アフターケア）

　筆者はアクティブ・ラーニングによる情報学教育は，**表1**に示された「資質・能力」と，**表2**の「技術」を参考に進めたいと考えている（**図3**）。

文理融合の情報学教育	
文系の情報学	
（情報の）科学論	（情報の）技術論
理系の情報学	
（コンピュータ）科学	（情報通信）技術

↓

科学論と科学	技術論と技術
培われる資質・能力	**培われる技術**
①統率力：自然に人の上に立ち，他の者をリードする力	①「自分の頭で考え，伝える」ために必要な「準備の技術」
②創造力：模倣を繰り返し，そこから斬新な発想を生む力	②自由な学習環境の中で培われる「自分の頭で考える技術」
③戦闘力：相手の意思を尊重しながら，結果的に自身の主張を通す力	③厳しい知的鍛錬によって考えたことをもとに「言語を作る技術」
④分解力：問題解決の近道として問題の所在を分析する力	④多様な人々とのコミュニケーションを通じて養われる「伝える技術」
⑤冒険力：試練や苦難を糧として邁進する力	⑤自身の行動を振り返り，改善につなげる「フィードバックの技術」
⑥表顕力：自身を深く印象付ける力	

図3．アクティブ・ラーニングを取り入れた情報学教育で培われる資質・能力と技術

３．創造的想像と試行的思考

　これからの社会を生きる上で重要なことは，今あることを自動化するだけではなく，新しい課題に向けて何かを作り出すことである（**図4**）。

　創造的想像（Creative Imagination）とは，新しいこと（もの）を作り出すことを期待して制限なくイメージを広げて想像す

創造的想像（CI）(Creative Imagination)	試行的思考（CT）(Conational Thinking)
新しいこと（もの）を作り出すことを期待して制限なくイメージを広げて想像すること。 （ダイナミズムを支える）	目標を決めて，その達成のために，試しに意欲的に次から次へとイメージを広げて思考すること。 （サクセスを支える）

情報思考（IT）（Info-thinking）

情報学的想像力のもと，創造を思考に変え具体化すること

図4．情報思考における創造的想像と試行的思考

ることで，試行的思考（Conational Thinking）とは，目標を決めてその達成のために，試しに意欲的に次から次へとイメージを広げて思考することである。情報思考（Info-thinking）とは，情報学的想像力のもと，創造を思考に変え具体化することである[7]。

参考文献

(1)Farndon, John：Do you think you're clever?／小田島恒志，小田島則子（訳）オックスフォード大学・ケンブリッジ大学の入試問題〜あなたは自分を利口だと思いますか？，河出書房新社，2011.

(2)Farndon, John：Do you still think you're clever?／小田島恒志，小田島則子（訳）ケンブリッジ・オックスフォード合格基準〜英国エリートたちの思考力，河出書房新社，2015.

(3)松原伸一：ソーシャルメディア社会の教育〜マルチコミュニティにおける情報教育の新科学化〜，開隆堂，2014.

(4)横浜市立大学：過去の入試問題，医学部医学科小論文入試問題より
　https://www.yokohama-cu.ac.jp/admis/undergraduate/kakomon.html
　（2020年2月8日再度確認）

(5)岡田昭人：世界を変える思考力を養うオックスフォードの教え方，朝日新聞出版，2014.

(6)岡田昭人：オックスフォード流自分で考え，伝える技術，㈱PHP研究所，2015.

(7)松原伸一：情報科教育研究のさらなる発展のために，日本情報科教育学会誌，Vol.9，No.1，2016.

問題
これからの社会を生きる上で求められる資質・能力について論述せよ。

48

2-4 正しい情報は存在するか

事実とは？

1．問題提起から

　「正しい情報は存在するか？」という問いかけをすれば，皆さんはどのように応答されるでしょうか。

　実はこのテーマは，2003 年発行の拙著[1]にて論述したのが最初である。ちょうどその頃，「情報教育専修」という大学院を新設し，情報教育を新しい視点で見直す作業を進めていた時でもある。そこで，この「問題提起」から見えてきたものは，この中には幾つもの 2 次的な課題が含まれていたということである。つまり，①正しいと

```
問いかけ
　正しい情報は存在するか？
　　　　　↓
　　①正しいとは？
　　②情報とは？
　　③存在とは？
```

図1．新たな難題

は？，②情報とは？，③存在とは？，というように，応答する前に解決しなければならない難題（**図1**）が生じ，思考の活性化を実現するための，良好な問題提起と言えるかも知れない。

　筆者もこの難題に自ら挑戦し，その結果，①からは「モラルと倫理の考察」を，②からは「データと情報の相違性」を，③からは「リアルとバーチャルの同義性」を，それぞれ，整理・分析して展開することができたのである。その後に発行した改訂版[2]では，いわゆる「情報学」の基礎に通底したものとなった。そして，この度の改訂新版では，下記のように，新しい視点（ICT 超活用）も取り入れて再構成して展開したい。

2．応答の前に決めることは

　前述のような「問いかけ」を授業の中で行ったことがある。授業では，受講者からの質問を誘起し，それらを整理して，「正しいとはどういうことか」という点と，「情報とはどういうものか」という点，に大別して展開したのである。

　そこで，とりあえず，「正しい」という概念については，自ら考えてその概念を明確化するように指示し，それが概ね完了した後で，次に，「情報」という概念についても，自分で考えて定義するように指示したのである。つまり，自らがそこにある様々な用語の意味を考え整理し，それに基づいて考察を進めることの重要性を認識することが必要で，その考察結果が，「問いかけ」に対する応答を効率的に進めることができることにも認識

してほしかったのである。そして，そこでの気づきの中に，本来これらの用語は互いに独立したものではあるが，この「問いかけ」に答えるためには，これらの形成された概念が互いに関係し，「事実とは何か」という新たな課題が生じることにもなったのである。

3．意見を共有するには？

　概ね自らの意見が整理できたら，今度はみんなの意見が知りたくなるだろう。隣の席にいる人と意見交換するのも良いし，グループに分けて進めるのも良いだろう。昨今の状況を踏まえれば，ICT を活用して個々人の意見を集約したりすることもできる。

　もし，教室にいる受講者が 10 人以下であったら，各人に尋ねてみて，もし意見が分かれるようであったら，存在すると主張するグループと，存在しないと主張するグループの 2 つに分けて討論するのも良いだろう。

　しかし，受講者の数が 10 人を超えるような場合は，どうすれば良いだろうか。数人の受講者に聞いて見るのも良いが，なるべくなら，受講者全員に応えてもらいたいものである。筆者は，ジャンケンでお馴染みの「グー」と「パー」を使用することにし，受講者全員に応えてもらったのである。

　その方法は簡単である。存在すると思う人は「グー」を，存在しないと思う人は「パー」にして同時に手を挙げてもらうのである。このように，意見の違いを手の形の違いに対応させれば，手を挙げるのを同時に行っても意見分布を調べることができる。よくあるように，「存在すると思う人は手を挙げて下さい」というのであれば，2 回行う必要があるし，なにより，他人や多数の方に便乗するのではないかという心配がある。このジャンケン方式では，むしろ積極的に，他人の出す手を良く見るように指示することで，全体の意見分布と自分の意見との関係を考えさせることができるのである。情報理論の立場で解説すれば，「通報」という表現を使用して，「存在するという通報」と「存在しないという通報」とをそれぞれ，「グー」および「パー」という異なる表現（記号・符号）に対応させることにより，同時に各人の通報の発信を可能にしているといえる。意見の分布は，複数の授業で調べたが，その結果はいずれの場合も，「正しい情報は存在する」と答えたものの方が圧倒的に多かったのである。

4．正しいとは？

　その後，「正しい」ということについて，どのように考えたのかを尋ねてみると，概ね次のような 2 つの概念に分けられた。

　一つは，「正確」といったような意味であり，これは，正しいものを事実とし，情報が

どの程度事実に合致するかという考え方であり，事実がある以上，正しい情報は存在するという考え方の人が多かったのである。

　もう一つは，「正義」のような意味合いであるが，これは主観的で曖昧な要素も多く，正しい情報は個人によって捉え方が異なり，それゆえに，「存在するとする個人」や「存在しないとする個人」がいることになり，一部の個人でも存在すると思うものがいる限り，正しい情報は存在すると結論づける人や，個人に依存するがゆえに共通性がないことを根拠にして，存在しないと結論づける人がいたのである。授業では，「正確」と考えた人の方が，「正義」と考えた人よりも，人数の点で多かったのは興味深い。

5．事実とは？

　次に筆者は，下記のような問いかけを行ったのである。それは，

> 「Aさんが走っていて，転倒して大怪我をした。」という知らせ
> があった場合，それを聞いた人は，どう思うだろうか。

という問いかけである。その知らせを聞いた人は，かわいそうにと思うかもしれないし，Aさんを知っている人なら，また，別の感情を持ったかもしれない。

　しかし，その後，次のような知らせが届いたらどうだろう。すなわち，それは，

> 「Aさんは，走る前に悪いことをして，人に追いかけられていた。」

ということである。そうすれば，Aさんは，銀行強盗をして，警官に追いかけられていたので，走って逃げていたのであり，その途中で転倒して大怪我をしたことになる。そうであれば，最初に，かわいそうにと思った人も，別の感情を持った人も，これらとはまた違った思いを持ったことだろう。

　これは，最初の情報すなわち，「Aさんが走っていて，転倒して大怪我をした。」という知らせは，結果として，事実の一部だけが伝えられたのであり，「Aさんが人に追いかけられていた。」という事実は，最初の知らせを行った人が隠していたのか，或いは，知らなかったことになるだろう。（他にも考えられるので，各自で考えてみて欲しい。）しかし，いずれにせよ，このことは，次の問題へと発展するのである。

> 事実の一部のみを伝える情報は，正しいといえるか？

この問いかけを行った結果，正しいとはいえないと答える者が多かった。

そうすると，次の問題が浮上することだろう。それは，

> 事実を正しく伝えることはできるか？

ということである。

　事実は，無限の過去から無限の未来へと至るところで脈々と営まれているものである。すなわち，事実は時間的・空間的に無限の広がりをもっていると考えれば，どのように努力しても事実の一部を伝えることしかできないだろう。そうすれば，事実の一部を隠したり，或いは隠さないまでも全体を知らないで伝えることに不安を感じることだろう。これでは，結局のところ事実を正しく伝えることはできないということになる。

６．正しい情報は存在しない？

　以上のことから，事実を正しく伝えられない以上，正しい情報は存在しないということになるのである。後にアンケートをとってみたが，最初の分布とは逆転し，ほとんどのものが，「正しい情報は存在しない」と答えたのである。

　これは，一つの論理である。このような筋道が本当に適切かどうかは，読者の判断にゆだねたい。この例を参考にして，みんなで討論をすれば，面白い授業の展開が期待されるだろう。重要なのは，「正しい情報は存在しない」とする結論ではなく，その結論に至るまでの考察（思考のプロセス）である。勿論のことであるが，結論が，「正しい情報は存在する」というものであってもよいのである。その場合でも，正しくない情報があることは認識できるであろうから，情報の信頼性・信憑性などについて考えさせる良い機会となるだろう。この活動は，メディアリテラシーの教育やディベートを活用した授業へと発展させることもできるだろう。探究活動に関わる各所での場面にて，思考の活性化という視点で，構想や設計を行ってみると良いかも知れない。

参考文献

(1)松原伸一：情報科教育法，開隆堂，2003.
(2)松原伸一：情報学教育の新しいステージ‐情報とメディアの教育論，開隆堂，2011.

問題

最近の出来事などでメディアが報じた記事を取り上げ，その情報の信頼性について論述せよ。

2-5 常識はいつまで通用するか

コンピュータの誕生から言葉の世界へ

1. コンピュータの誕生から社会の情報化

（1）世界初のコンピュータとは？

ENIAC と ABC マシン

　今からすれば，かなり前のことになるが，平成5年度に実施された技術・家庭科の教科書（文部省検定済）の新設領域「情報基礎」には，世界で最初のコンピュータは，ENIACであると記されていた。その ENIAC は，1946年に米陸軍弾道研究所の協力の下でペンシルベニア大学において開発されたものであり，約 18,000 本の真空管を使用し，総重量は約 30 トンで，消費電力は 140〜150kW 程度であったとされる。

　一方，「ENIAC 神話の崩れた日[1]」によれば，米アイオワ州立大学のアタナソフらによって開発されたマシン（この本では，「ABC マシン」としている）が，ENIAC より先に開発され，その一部が ENIAC の開発に流用されたというのである。これは，1973年の裁定で ENIAC 側が敗訴したことをその根拠にしている。

　筆者は，ENIAC 誕生から 50 周年に当たる 1996 年にペンシルベニア大学を訪問する機会を得た。日本では，「ENIAC 神話の崩れた日」が出版された年の明後年に当たる。ペンシルベニア大学では，ENIAC が世界最初の電子的大型汎用デジタルコンピュータ(THE WORLD'S FIRST ELECTRONIC LARGE SCALE, GENERAL-PURPOSE DIGITAL COMPUTER)であると紹介されていた。確かに，大型で汎用のコンピュータという見方をすれば，アタナソフの ABC マシンではなく，ENIAC が世界最初といえるだろう。詳細については，関連の図書を参照されたい。

EDSAC

　また，「誰がどうやってコンピュータを創ったのか？[2]」では，ABC マシンが最初の電子計算機とされる根拠は，電子的（デジタル型）処理，2 進法の採用，コンデンサによる再生記憶，論理演算回路などによるとされるが，このような，ハードウェアの点からではなく，アーキテクチャの視点から，世界最初のコンピュータを論じる必要性を指摘している。それによると，現在，普通に使用されるコンピュータは，可変プログラム内臓方式を必須条件としているが，アタナソフの ABC マシンは，プログラムを内蔵していないというのである。（ENIAC も同様である。）

　したがって，「アタナソフがコンピュータを発明した」という点については，「コンピ

53

ュータにおいて使用される基本技術のいくつかがアタナソフによって発明された」と言うべきであるとしている。このような視点からみれば，世界で最初のコンピュータは，英国ケンブリッジ大学で開発された EDSAC であるという。

　このように，世界最初のコンピュータは何かという問題ついては，コンピュータの定義やその歴史的事実の認識などの相違から，今でも種々の議論が見受けられるのである。
　はたして，世界で最初のコンピュータは，米アイオワ州立大学の Atanasoff らによる ABC マシンか？　米ペンシルベニア大学の Mauckly らによる ENIAC か？　また，英ケンブリッジ大学の Wilkes らによる EDSAC か？　それとも，これら以外のマシンか？読者の皆さんはどう考えるだろうか？
　いずれにしても，コンピュータは，その発明からせいぜい 70 年程度の歴史しかないということはどうやら明らかである。それにもかかわらず，コンピュータやネットワークを取り巻く技術革新により，社会の情報化は急激に進んでいる。このような状況では，新しい社会に対応した新しい情報メディア教育が必要であることを再認識したい。

（2）世界初のガソリン自動車は？

　次に，比較のために，ガソリン自動車の誕生について考えてみよう。そこで，コンピュータの場合と同様に次のような質問をしてみよう。それは，「世界で最初のガソリン自動車は何か？」というものである。
　1886 年にカール・ベンツが 0.9 馬力のガソリン三輪車で特許を取得し，また同年，ゴットリープ・ダイムラーとマイバッハが 4 輪動力車の製造に成功している。このことから，1886 年は世界最初のガソリン自動車が誕生した年ということになっている。したがって，ガソリン自動車の歴史が 130 年以上もある一方で，コンピュータの歴史はその半分程度という浅いものなのである。
　ところが，カール・ベンツの行動をみれば，彼が現在のようなモータリゼーションの社会を 100 年以上も前に十分予想していたと判断できる[3]。しかし，Atanasoff や Mauckly らは，現在のような状況すなわち自動計算機械という概念を超えた情報処理装置（コンピュータ）による本格的なデジタル情報の社会を，その 70 年前に予想し得たであろうか？　発明からわずか 70 年程度の歴史しかないコンピュータが，これほどまでに進化・普及し，私たちの周りのあらゆる分野に浸透して，身近な存在として位置づけられるとは，いったい誰が想像し得たであろうか？
　社会は情報化により急速に変化している。現在の常識は，いつまで通用するのだろうか？　不安な点も多いが，それだけに，私たちは，うわべの理解に終わることなく，本質的な理解にまで深める必要があり，このことは，問題解決と深いかかわりがある。

2．概念の変化，新しい概念の創造，価値の創造に

（1）工業社会から情報社会へ，情報社会から〇〇社会へ

　工業社会は物の生産が中心だったといわれる。つまり，物質とエネルギーを効率よく制御して，大量生産により低コストで品質の高い製品を生産することに主眼がおかれている。一方，情報社会では，物質とエネルギーに加え，情報の存在が重要になり，多様な情報機能の有機的な活用を主軸とした社会であるといえる。

　情報社会(information society)の定義を厳密に行うことは困難であるが，濱口氏は，『物質・エネルギーの形相を示す「情報」によって，生活上必要な＜もの＞を生産し，流通させ，消費する過程がうまく制御される，その度合が強まった社会，「情報」そのものを処理し，的確に伝達する技術が飛躍的に進展し，「情報」の処理と通信が仕事の中心となるような産業形態，コンピュータや種々の放送・通信機器の革新によって「情報」のすぐれた制御機能が発揮されるとともに，時間・空間の制約を越えて「情報」が瞬時に伝えられ，また，豊かに蓄えられたデータベース，知識ベースに依拠した生活が営まれるようになる社会』と定義している(4)。また，新氏によれば，情報化社会といえるための用件は，「コンピュータの開発と活用による第 5 次情報革命が先行し，利用可能な財貨やサービスの生産，消費，ストックが，社会のなかで一定の水準に達し，その結果，社会生活における，情報化のメリットが具体的に現われる状況下で，つまり当該社会が脱工業化の段階に位置づけられるような場合に，社会的に利用可能な情報処理機器が一定の水準で確保されていること。活用し得る人間の知的能力が，個人的もしくは社会的に，一定の水準に達していること。」であると述べている(5)。

　では，その次の社会は何でしょうか？　昨今では，政府を中心に Society 5.0 という表現が話題である。しかし，これは，狩猟社会，農耕社会，工業社会，情報社会に次ぐ第 5 番目の社会ということである。今までにも，高度情報化社会とか，知識基盤社会とか種々表現されては消えていった言葉も少なくない。筆者は，「社会の情報化」から「情報の社会化」へ，そして，「メディアの社会化」を強調し，ソーシャルメディア社会と呼んでいる。いずれも，時代の変化とともに変わりゆく社会の名称にとらわれることなく，その本質に着眼することが重要である。

（2）新しい言葉はいつまで？

　承知のように，情報やコンピュータに関する用語には，カタカナ表記の言葉が多数みられる。それらは，英語などの外国語が元になるもの（外来語）や，日本で作られたもの（新日本語）も多い。これらは，使用されるうちに，短絡したり，省略されたり，他の語と融合したりして，日本語の豊富な語彙を形成している。

現在の我が国では，スマホという表現を知らない人はいないだろう。みんなが知っている用語のひとつである。これは，スマートホンが縮まったものであるが，もとの意味はスマートな（賢い）電話である。一方，「ケータイ」という表現も認知度が高いと思われる。これは，当初，携帯電話の略として，「携帯」と表現されたのが始まりだと言われる。スマホも携帯電話も，電話として利用するよりも，メールの送受信やWebサイトの閲覧，SNSなどの利用に移行し，他にもカメラ，辞書，録音機，GPSを利用したナビゲーションなどにも多く利用されており，多機能を誇る携帯用の情報端末になっている。

筆者は，用語の省略形について関心があり，携帯電話の省略形は，後半を省略した「携帯」ではなく，「携帯」と「電話」の両語から一字ずつ取って「携電」とする方がましではないかと考えたことがある。

一方，文部省が省庁再編で，文部科学省に改組された時，長い名称を短くしたいと考えた人は多かった。その際，前述のルールを適用して，「文部」と「科学」の両語から1文字ずつとって「文科省」（モンカショウ）と略されることが多い。しかし，本来の日本語では，「文科」の文字列は「モンカ」ではなく「ブンカ」と読まれ，「理科」に対する用語として使用されていたので，違和感は今でも残っている。そこで，この省略形は，「ケータイ」のように，前の部分だけをとって，「文部省」で良いのではないかと考えたこともある。

いずれにしても，使用されている限り，言葉は生きている。時代とともにその意味や用法などが変化する場合もある。日常で用いる用語と専門で用いる用語が同じでも，その意味に微妙な違いを生じる場合も少なくない。

記号の一種である文字が，あらわす意味を考えその本質を解明することは，まさに「情報学」の醍醐味といえるかも知れない。

参考文献

(1)クラーク・R・モレンホフ著，最相力，松本泰男共訳：ＥＮＩＡＣ神話の崩れた日，工業調査会，1994.

(2)星野力：誰がどうやってコンピュータを創ったのか？，共立出版，1995.

(3)D, ナイ［著］／川上顕治郎［訳］：ベンツと自動車，玉川大学出版部，1997.

(4)濱口恵俊：高度情報化社会と日本のゆくえ，日本放送出版協会，1986.

(5)新睦人：情報社会を見る目，有斐閣，1983.

問題

テレビの歴史について調べ，コンピュータの歴史と比較せよ。

2-6 情報の安全とは何か

交通安全と情報安全，安全と安心，3つの情報安全

　情報の安全とは何だろうか。情報そのものがもつ危険を回避するという意味にも解釈できるが，これを広くとらえれば，情報社会の安全とみることも可能である。ここでは，拙著[(1)]から引用して，この課題の解決の糸口を探りたい。

1．交通安全と情報安全

　表1は，車社会と情報社会を対比させて分かりやすくまとめたものである。交通安全と情報安全を比較すれば分かるように，交通モラルが交通安全（教育）の中に含まれるように，情報モラルも情報安全（教育）の中に位置づけるのが妥当と考えられる。

　社会の急激な情報化により，種々の問題が浮き彫りになっている昨今において，情報安全は，情報の社会化に対応して，文理融合による総合的な情報学をベースに，ソーシャルメディア社会における安全を積極的に取り入れた新しい体系が求められる。

表1．車社会と情報社会

社会	車社会（リアル社会）	情報社会（バーチャル社会）
対象	自動車，バス，トラックなど	コンピュータ，スマホなど
手段	移動・物流（道路・交通）	通信・情報流（情報通信）
起源	世界で最初の自動車 ・1886　カール・ベンツ ・1886　ゴットリープ・ダイムラー	世界で最初のコンピュータ ・1939　ABC　アナタソフら ・1946　ENIAC　モークリーら ・1949　EDSAC　ウィルクスら
安全	交通安全（交通社会の安全） ・交通モラル ・交通マナー ・交通法規	情報安全（情報社会の安全） ・情報モラル ・情報マナー ・情報法規

※松原伸一著「ソーシャルメディア社会の教育」p127，表3を再構成

　情報安全とは，情報モラルと混同されやすい概念であるが，結局のところ，情報モラルやルール・マナーなどを含んだ上位概念として位置づけられるのが妥当である。

　自動車の普及により道路交通における安全が社会問題となる中で，交通安全への取り組みが行われてきている。車社会としての長い歴史の中で，学校教育における取り組み，一般社会における推進などの他に，自動車や交通環境における技術的な革新が大きく貢献している。このように多方面からの積極的な取り組みが奏功し，結果として深刻な交通事故の低減に寄与しているのである。

　一方，コンピュータの歴史は自動車の半分程度で，技術者のみならず一般庶民を対象とした情報安全という考え方は，残念ながらまだ十分とは言えない状況である。現在の

ところ，ようやく情報モラルの教育に関心が高まり，教材開発が少し進んだところと言えよう。しかしまだ多くの課題が山積しているのである。

筆者は，以上のことから，情報安全教育を情報モラル教育の上位概念として位置付け，情報モラル教育だけではく，ルールとマナー，法遵守，などの内容を積極的に取り込むことが重要であると考えている。

2．セーフティ（safety）とセキュリティ（security）

情報の安全については，"情報セキュリティ"という語を思いつくかも知れない。

ところで，"セキュリティ"とは，どのような意味があるのだろうか？

表2は，英語としてのsecurityの用語例とその意味を示したものである。これからも分かるように，securityとは，「safetyの具体的な証（安全保障）」という意味があり，一般的な安全という意味のsafetyとは異なることが理解できる。

表2．securityの用語例とその意味

用　語	意　味
security blanket	子供が安心のために持っている毛布，精神安定のための物
security camera	防犯カメラ
security check	body search，空港などでのボディチェック
Security Council	国連の安全保障理事会
security firm	警備保障会社
security pact/ security treaty	安全保障条約
security police	要人の警護に当たる保安警察
social security	英：社会保障，生活保護，福祉援助，米：welfare
security policy	企業などで，ネットワークの運営主体によって定められたセキュリティに関する内部規約

筆者は，このように，セキュリティの意味を整理し，セーフティとの違いを明確にするとともに，情報安全に関する教育（情報安全教育）の必要性を提案する中で，2つの安全について指摘している(2)。

セーフティとセキュリティの違いについて，分かりやすく表現すれば，**表3**のようになる。したがって，"情報セキュリティ"とは，具体的な証となる安全のことで具体的に機能するものとして情報システムがあげられる。しかしながら，セキュリティは，証のある安全を示すということが重要であり，必ずしも情報システムのみを対象とするものでない。

表3．セーフティとセキュリティ

	セーフティ	セキュリティ
名詞形	safety	security
（形容詞形）	(safe)	(secure)
意味	安全	安全
補足説明	一般的な安全	安全を確保するための具体的な証がある安全
例	road safety （交通安全）	security camera （防犯カメラ）

３．安全と安心，危険と不安

　広辞苑（第６版，岩波書店，2008）によれば，安全とは，「安らかで危険のないこと」と記され，安心とは，「心配・不安がなくて，心が安らぐこと」と記されている。安全とは，対象とする（関心のある）場所の状況が，安らかで危険のないことであり，安心とは，意識の状況が，安らかで不安のないことであると考えられるので，両者を**図１**のように対比的に定義することができる。

用　語	意　味		反意語
安　全	安らかで，危害・危険がないという外的要因を生じる周辺状態	⇔	危　険
安　心	安らかで，心配・不安のないという内的要因を生じる心理状態	⇔	不　安

図１．安全と安心／危険と不安

　村上[3]によれば，安全学の必要性について，安全の追求，危険の予知，評価，それに基づく危険除去の方法は，いわゆるリスク・マネージメントという分野がかかわってきたことであり，人間工学などの分野と連携しながら成果を収めてきたという。「安全－危険」という枠組みの中において，しなければならないことがまだ沢山あるが，仮にこれらが解決されても，現代の不安を解消することはできないのである。つまり，不安は，その反対概念である安心も含めて，定量的な扱いから大きくはみ出る世界であり，不安を数値で表すことはできないし，安心の度合いを数値化することも困難であるというのである。また，現代社会の問題は，既に欲求の充足からはずれ，「満足－不足」の軸から「安心－不安」の軸へとシフトしている。
　このように，安全学は，「安全－危険」の軸と，「安心－不安」の軸と，「満足－不足」の軸とを総合的に眺めて問題解決をはかる試みでもある（**図２**）。仮に危険が回避されたとしても，それを認識できなかったり，理解できなかったりすれば，不安が解消されないばかりか，さらに新たな不安が生じることもあるということを私たちは日常的に経験している。安全に対して科学的にアプローチしようとすることの重要性を再認識せざるを得ない。

> **安全学とは**
>
> ・「安全－危険」の軸
> ・「安心－不安」の軸
> ・「満足－不足」の軸
> 　の総合的な観点で問題解決を行うもの
> 　　　　　　　↓
> 仮に，危険が回避されても，不安が解消されないことがある。

図２．安全について

４．３つの情報安全

　情報安全とは，情報と人間・コミュニティ・社会等に関する安全を意味し，①情報の本質に起因する安全，②情報システムにかかわる安全，③社会における安全，の３つに分類して考えると分かり易い（**図３**）。

情報安全	①情報の本質に起因する安全	・安全な情報 ・情報の安全な取扱い （情報の本質，情報の表現や取扱い，信頼性や信憑性など）
	②情報システムにかかわる安全	・安全な情報システム ・情報システムの安全な管理・運営 （情報機器やネットワークにおける情報セキュリティなど）
	③社会における安全	・安全な情報社会 ・情報社会における安全な営み （安全な組織・団体，安全なコミュニティ，安全な社会など）

図３．３つの情報安全

①情報の本質に起因する安全（information safety）

　情報そのものが人間や社会に与える影響から安全を取り扱うもので，情報の本質（物質との違いなど），情報の表現や取り扱い（コミュニケーション），信頼性や信憑性（メディア・リテラシー）なども含まれる。

②情報システムにかかわる安全（information security）

　情報システムに関しては，主に情報機器やネットワークなどの情報セキュリティに関するもので，「安全な情報システムを求めるもの」と「情報システムを安全に管理・運営するもの」に大別される。

③社会における安全（social safety and security）

　社会の情報化，情報の社会化が進む中で，「安全な情報社会を求めるもの」と「情報社会における安全な営み」に大別することができる。これは，社会的な安全性であり，安全な社会システムを追及することでもある。

参考文献

(1)松原伸一：ソーシャルメディア社会の教育 - マルチコミュニティにおける情報教育の新科学化 - ，開隆堂，2014.
(2)松原伸一：情報安全教育，情報教育実践ガイド，追録 Q＆A 解説編，第一法規，Vo.32，pp.1891-1895,2008.
(3)村上陽一郎：安全と安心の科学，集英社新書，2005.

問題

安全について，物理空間と仮想空間を対比して自らの意見を述べよ。

情報社会の道徳とは何か

情報モラルと情報倫理は同じか

　この課題は，昨今ではますます重要な項目となっている。情報教育が始まった頃は，コンピュータの利用が中心だったといえるが，あわせて重要とされたのは，情報モラル教育であった。今となっては，あまり違和感をもたないかもしれないが，当時としては，「モラル」という表現に一抹の何かその奥にあるものを感じざるを得なかったのである。すなわち，「道徳と表現しないはどうしてか」という思いとともに，では，「モラルとは何か」という課題も浮上してきたのである。このユニットでは，当時の課題意識を振り返り，その本質に迫りたい。

情報モラルと情報倫理

　情報教育に関わっていると，「情報モラル」や「情報倫理」という語によく出合う。この他にも，「情報社会のルールとマナー」と言われたり，「インターネット社会のエチケット」と言われたりする。
　そこで，読者の皆さんに**図1**のような質問をしてみよう。

> 「情報モラル」と「情報倫理」の意味の違いはありますか？
>
> これらの意味で同じところは何であり，異なるところは何でしょうか？

図1．質問

　各種の論文や雑誌・インターネット上の Web などを見ると，情報教育の現場では，「情報モラル」と「情報倫理」は，ほぼ同義と捉えられている場合が多い。ここでは，哲学的なアプローチはなるべく避け，情報教育を機能的に進めるためのプロセスとして，「情報モラル」と「情報倫理」の概念の比較を教育的な視点で考察したい。一般的な理解としては，「モラル（moral）」は「道徳」を意味するから，「情報モラル」を漢字で表現すれば「情報道徳」となるだろう。したがって，「情報モラル」と「情報倫理」を比較するにはまず，「道徳」と「倫理」の比較から始める必要がある。

①「道徳」と「倫理」の共通点

　まず，「道徳」と「倫理」の共通点について考察しよう。**表1**は，広辞苑，比較思想辞典，哲学辞典による「道徳」と「倫理」の記述を抜粋したものである。

表 1. 道徳と倫理

	道徳	倫理
広辞苑 (※1)	①或る社会で，その成員の社会に対する，或いは，成員相互間の行為を規制するものとして，一般に承認されている規範の総体。法律のような外面的強制力を伴うものではなく，個人の内面的なもの。②老子の説いた恬淡虚無の学。	①人倫の道。実際道徳の規範となる原理。道徳。②倫理学の略。 「倫理学」は次の通りである。(ethics に井上哲次郎があてた訳語) 道徳の起源・発達・本質・規範について研究する学問。論理学 (または認識論)・美学とならび哲学の三大部門の一とされている。
比較思想辞典 (※2)	西洋語の morality (英)，Moralität (独)，moralité (仏) を明治以後の日本では道徳という意味に当てはめているが，漢字の道徳とは意味が違う。西洋近代語の語源はモース (mos)，モーレス (mores，複数形) に由来する。いずれも風俗・習慣・慣習・行為・マナー・態度・性格などの意味がある。(以下略)	倫理はおよそ人間が社会生活を営むうえで従うべき規範をいう。「倫」という漢字は人間 (へん) となかま (つくり)・共同体，ないしその従うべき筋道を意味する。(以下略)
哲学辞典 (※3)	社会的意識の一形態としてあらわれ，人びとの相互の，また社会にたいする各人の，なすべき義務を規定して，共同生活における人びとの行為の基準 (善悪・正義不正義など) を指示する。(以下略)	「倫理」という項目はない。 「倫理学」は次の通りである。 人間生活の望ましい状態・善悪について考察し，行為の規則をたて，努力するに値するものは何か，生活の意味とは何かなどを明らかにするとともに，道徳なるものの起源，道徳の規則をたてる法則，その歴史的性格などを研究する学。

※1：新村出編：「広辞苑」第二版補訂版第六刷，岩波書店，1981.
※2：中村元監修，峰島旭雄責任編集：「比較思想辞典」，東京書籍，2000.
※3：「哲学辞典」増補版，青木書店，1975.

　これらを比較すると，「道徳」も「倫理」も規範であるという点では共通し，いずれもこの概念を中心としている点でほぼ同じ概念であることがわかる。また，教育学大事典(1)によれば，「道徳」の字義として，「道」は，人間の歩く通路を意味するところから，人間の守るべき秩序を意味し，「徳」は，この秩序が頭の中でわかっているだけではなく，容易に実行できるまでに身についていることを意味する。また，「倫理」の「倫」は，「なかま」と「なかまでいられるための秩序」の意味をこの1字だけでもち，「理」は，「すじみち」の意味であるから，「倫理」は「人間の生活を成り立たせる秩序」の意味とされる。「道徳」も「倫理」も字義は異なるが，人間生活を成立させるための秩序を意味する上で共通するのである。一方，教育事典(2)には，道徳を倫理・人倫などと並べると字面が違って見えるが，本来の意味にそれほどの違いはないとしている。「道」が「理」，「徳」が「倫」であれ「道徳」すなわち「倫理」ということになるとしている。

②「道徳」と「倫理」の相違点

　「道徳」と「倫理」の意味の相違点についても**表1**を参照いただきたい。いずれの辞書においても，「道徳」と「倫理」の意味の違いを詳しく表現してくれてはいるが，庶民的な筆者にとっては，このような説明では「まだまだわかり難い」と言いたい。ほぼ同じであるというだけなら簡単であるが，全く同じでない以上どこかに違いがあるはずである。その違いを（哲学的には必ずしも正しくないかもしれないが）筆者のような一般人に対してもわかりやすく表現することはできないのだろうか？

　ここでは，「道徳」と「倫理」の違いをわかりやすく表現するという難解な問題に挑戦し

たい。このことができれば，当初の目的であった「情報モラル」と「情報倫理」の意味の違いも容易に説明できるようになるだろう。もしかしたら，いままで，哲学者も教育学者も手をつけなかった問題にぶつかっているのかもしれない。

③「道徳」概念に与える「道徳教育」の影響

「道徳」が小学校や中学校の教育課程にあるので，私達は，「道徳」といえば，小学校や中学校の時代に受けた道徳教育からその概念を明確化しようと努める傾向がある。そのため，「道徳」の概念は，知らないうちに，「道徳教育」の影響をうけたものなっているのである。広辞苑には，道徳教育とは，「道徳性を涵養するための教育。国家社会の成員として必要な人間教育の面を取り出して強調するもの。徳育。」とある。このことからも「道徳」は，より行為指向であるといえる。

④「倫理」概念に与える「倫理学」の影響

「倫理」は，高等学校の教科「公民」の科目として「倫理」があるので，これを学習したものにとって，「倫理」という概念は，この影響を受けたものになっているだろう。また，広辞苑にもあったように，「倫理」は，「倫理学」の略として用いられることも多く，「倫理」の概念には，「倫理学」の概念も強く残っている。また，倫理コード（code of ethics）というように，秩序を守るための規則を示す場合もある。

⑤「道徳」と「倫理」の概念の図式化

「道徳」も「倫理」も規範や秩序の点で共通する。その規範が個人の内面にどの程度内在するかという点は，「徳」に関係する。また，規範の原理を理解することはそれを守る上で重要な知識になり得る。このような考えから，「道徳」を「道」と「徳」に分け，また，「倫理」も「倫」と「理」に分けて，それらを象徴する概念を整理して，図式で表現すれば，**図2**のようになる。さらに，理解しやすくするために言葉で表現すれば，「道徳」も「倫理」も規範や秩序の点で共通するが，「道徳」はより行為指向であり，「倫理」はより知識指向であるといえる。

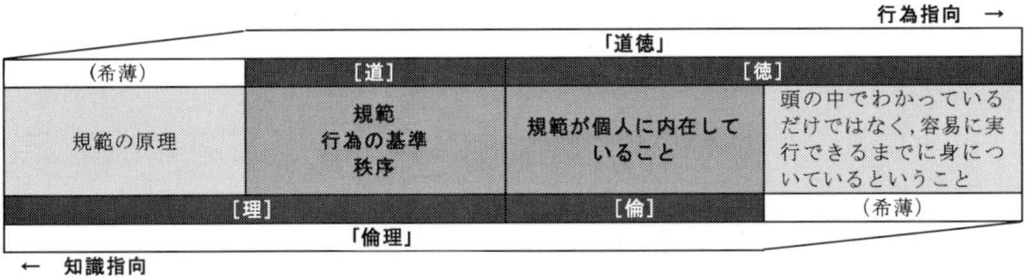

図2．「道徳」と「倫理」の概念図

⑥「情報モラル」と「情報倫理」

　「情報モラル」という語は，教育分野ではよく出てくるものである。臨時教育審議会の「教育改革に関する第三次答申」（1987）で，「情報モラルの確立」が述べられ，「情報教育に関する手引き(3)」（1991）には，第4章第5節2において「情報化の影の部分と情報モラル」という項目があり，情報社会のルールとも言うべき「情報モラル」を早急に確立する必要があるとしている。また，中学校「技術・家庭」科や高等学校「情報」科の学習指導要領解説にも「情報モラル」に関する記述がある。これは，中央教育審議会第一次答申（1996）を踏まえ，平成9年（1997年）10月に，情報化の進展に対応した初等中等教育における情報教育の推進に関する調査研究協力者会議の第1次報告「体系的な情報教育の実施に向けて」において情報教育を体系的に示した提言がある。これによると，情報教育の目標は，「情報活用の実践力」，「情報の科学的な理解」，「情報社会に参画する態度」の3つの観点に整理されているが，「情報社会に参画する態度」については，「社会生活の中で情報や情報技術が果たしている役割や及ぼしている影響を理解し，**情報モラル**の必要性や情報に対する責任について考え，望ましい情報社会の創造に参画しようとする態度」とある。高等学校学習指導要領解説情報編では，「情報モラル」を，「情報社会で適正な活動を行うための基になる考え方と態度」と捉えることとすると定義されている。一方，「情報倫理」という語は，上記の文献には見当たらないが，情報教育に関する学会の論文では，頻繁にみられるものである(4)。

　以上より，「情報モラル」は，行為指向・行動指向・態度指向であり，「情報倫理」は，知識指向・理論指向・原理指向とまとめることができ，**図2**の「道徳」と「倫理」の図式がそのまま「情報モラル」と「情報倫理」に当てはまると結論づけてよいのではないだろうか。

注1. 学習指導要領に関係するものは次の通りである。小学校学習指導要領，文部省，平成元年3月．中学校学習指導要領，文部省，平成元年3月．高等学校学習指導要領解説，文部省，平成元年12月．小学校学習指導要領解説，総則編，文部省，平成11年5月．中学校学習指導要領，文部省，平成11年12月．高等学校学習指導要領解説　情報編，文部省，平成12年3月．

参考文献

(1)細谷俊夫，奥田真丈，河野重男編集：「教育学大事典」初版，第一法規，1978.

(2)相賀徹夫編集発行：「教育事典」第六版，小学館，1969.

(3)文部省：「情報教育に関する手引き（平成3年7月）」，1991.

(4)例えば，情報倫理学研究資料集Ⅰ，日本学術振興会「未来開拓学術研究推進事業」「情報倫理の構築」プロジェクト，京都大学文学研究科，広島大学文学部，千葉大学文学部，1999.

問題

学校における情報モラル教育について，その課題と展望について論ぜよ。

第3章

情報メディア

－ 基礎編 －

メディアの社会化，モノの社会化

　人類の歴史を振り返れば，狩猟社会や農耕社会を経て，工業社会から情報社会へと進展してきている。「社会の情報化」と言われて久しいが，昨今では次にくる第5番目の社会（Society 5.0）に関心が高まっている。この状況を教育の視点でみればどうなるでしょうか？

　筆者は以前に「ソーシャルメディア社会の教育※1」という著書を上梓したが，その際のコンセプトは，リアルとバーチャルをつなぐのはメディアであるということであった。人類は，2つの"価値ある空間"で生活している。その営みは，現実社会の物理空間（リアル空間）と限りのない仮想空間（バーチャル空間）とが重畳したマルチコミュニティの中で成立していると考えたのである。つまり，私たちの生活圏は，もともと，質量のある物が支配するリアル空間において，限りある資源とエネルギーを消費して成立し，この点では今も変わりがない。しかし，人類の発明したコンピュータは，既に電子計算機としての域を超え，質量のない情報が支配するバーチャル空間を創出している。そしてその後のICTの進展は，知識のクラウド化に貢献し，情報機器のモバイル化を伴って，SNS（Social Networking Service）を登場させ，社会への影響を多大なものに変貌させたのである。結局のところ，「社会の情報化」は，「情報の社会化」とともに，「メディアの社会化」という現象を生んでいる。

　昨今では，IoT（Inernet of Things）が話題となっている。これはあらゆるモノがインターネットに接続され，情報のやり取りが行われることを意味する。ところで，情報のやり取りとは，メディアの機能そのものであることから，IoTとは，モノはメディアとなって作動し，インターネットという社会につながることを意味するのである。したがって，全てのモノ，すなわち，メディアが社会化し，そこで形成されるコミュニティは，それぞれが活性化して，また新しいコミュニティを次々に生じ，マルチコミュニティが重畳する社会が形成されるのである。以上のことから，これからの教育を考える際に，メディアの社会化と，そこで形成されるコミュニティ，そして，それらが多重化したマルチコミュニティにまで視野を広げる必要がある。

　そこで，データや情報，メディアなどの基礎について正確に把握するとともに，これらの基礎的な知識をもとに，考察を行うことが重要である。

　したがって，私たちは，ソーシャルメディアを介して，現実世界と仮想世界が多重化する新たな世界であるマルチコミュニティを新しい環境として受け入れるとともに，関係する新たな知識を整理して共有したい。

※1. 松原伸一（2014）ソーシャルメディア社会の教育～マルチコミュニティにおける情報教育の新科学化，開隆堂.

3-1 情報の本質

情報の定性的考察と定量的考察

1．情報の定性的考察

（1）情報の本質１：情報は移動しない。情報は複製により伝播する。

　本来，情報は，一度伝えられてしまえば，それを取り戻したり，消したりすることは困難（または，不可能）である。例えば，「商品Ａには欠陥がある」という情報が，誤って伝えられたとしても，たとえ，それが真実であろうと無かろうと，聞いてしまった人にとっては，既知の事実となってしまうのである。話してしまった後で，忘れてほしいと願っても，それは不可能なことである。つまり，情報は，一度伝えられてしまえば，それを知った人は，また別の人へと伝え，短期間で多くの人がその情報の複製を（知識として）持つことになるのである。つまり，情報は，他の人に与えても，自分の情報が減る訳ではないので，安易に人から人へと渡っていくのである。

情報の本質１．情報は移動しない
**　　　　　　　情報は複製により伝播する**

①情報の広範性：短期間で多くの複製がいたるところに存在することになる。
②情報の保存性：情報は，人に与えても減らない。
③情報の一方性：渡された（盗まれた）情報は，取り返すことはできない。
④情報の不滅性：伝えた情報は，消すことはできない。

図１．情報の本質１

　また，その裏返しとして，自分の情報が，他の人に何かの手段で見られた（盗まれた）としても，その際に自分の情報が減る訳では無いから，盗まれたことを認知しにくいのである。盗まれた情報は，瞬時にして伝播するものであり，その情報を取り戻すことは事実上不可能な場合が多いのである（**図１**）。

（2）情報の本質２：情報のやり取りには意図がある。

　情報は本来それを作り出す人が存在し，それを伝える側（送り手）がある。情報が発信される場合は，受け手（不特定多数の場合もある）に対し，何らかの意図をもって行われる。つまり，情報は，それがデータでない限り，そのやり取りには何らかの意図があり目的が介在するのである。した

情報の本質２．情報のやり取りには意図がある

①意図の介在：情報のやり取りには，送り手に意図がある。
②目的の存在：情報のやり取りには，目的が存在する。
③有効性の追求：情報のやり取りには，有効性が求められる。

図２．情報の本質２

がって，情報を伝えるには，発信者はその意図を明確に認識するとともに，目的が達成

されるように十分に配慮しなければならない。すなわち，情報のやり取りには，有効性が求められるのである（**図２**）。

（3）情報の本質3：情報の価値は一定ではない。

　送り手から出された情報は，受け手にわたり解釈される。その時，その情報の価値が決まるのである。すなわち，情報の価値は，画一的にまたは固定的に確定しているのではなく，受け手によって異なり，さらには，同じ受け手であっても，それを受けた時や場所により異なることもある（**図3**）。

　また，多くの情報が集まれば，経済的価値を生じ，ビジネスの対象となる。

情報の本質3．情報の価値は一定ではない

①人依存性：情報の価値は，その受け手の価値観により左右される。
②時依存性：情報の価値は，それを受けた時により異なる。
③場依存性：情報の価値は，それを受けた場所により異なる。

図3．情報の本質3

　以上のように，情報の本質を理解すれば，情報の発信者として，どのようなことに注意・留意しなければならないのかが自ずと明らかになるであろう。高度情報通信社会において，私達は，言わば「情報の海」の中に，全身を浸けているのである。溺れないようにしなければならないのは当然であるが，必要な情報を有効に発信することの重要性を再認識しなければならない。

２．情報の定量的考察

（1）情報の定量化～情報の量を表す基準や条件

　情報の「多い・少ない」を決めるのに何を基準に考えれば良いであろうか？これは，長期に渡る大きな問題であった。

　そこで，次のような質問をしてみよう。2つの通報のうち，どちらの方が情報の量が多いと感じられるだろうか？　直感でいいので少し考えていただきたい。

　（質問）下に示すAおよびBの2つの通報の内，あなたは，どちらの通報の方が情報の量が多いと感じますか？
　　　　通報A：「コンセントの電圧が 100 ボルトである。」
　　　　通報B：「コンセントの電圧が 85 ボルトである。」

　上の質問に対して，文字数を数えたり，その他の要因を考慮したりして，様々な理由を考えて情報の多少を考察されたことでしょう。場合によっては，読者の皆さんのそれぞれの考えはすべて正解ということもできるかもしれない。

　ここで，次のような考察をしてみよう。今，問題にしているのは，「データ量」ではなく「情報量」であるということであり，それは，すなわち，「情報」の特性に大きく関係

するのである。つまり，情報量は，「**情報の強さ**」と言い換えれば理解しやすいかもしれない。そうすれば，結局のところ，上の質問は，通報 A と通報 B で，「どちらの方が情報としてインパクトが大きいか」ということになる。上の質問は，コンセントの電圧が話題であるが，普通私達の家庭用電源の電圧は 100 ボルトであるので，通報Aは通常の状況を示すものであり，あまり問題を感じないだろう。一方，通報Bの方は，電圧が 85 ボルトであるということで，通常の電圧が何かの原因で降下していることを示している。

私達は，こんな時，これに接続されているコンピュータは大丈夫かなど心配するかもしれない。このような理由から，通報Bの方が，情報が多いと考えることができるだろう。以上のことをまとめると**表1**のようになる。

表1. 情報の（強さの）多少

	情報　多い	情報　少ない
ニュース性	高い	低い
頻度	めったにしか起こらない	よく起こる

すなわち，ニュース性が高いとか，めったにしか起こらないことの方が，情報は多いと感じるかも知れない。しかし，この考え方は，読者の意見とは必ずしも一致しないかもしれないが，理解の範囲にとどまるものであろう。

表1で示す基準を客観的に表すものは，確率である。すなわち，通報の情報の量を考える場合，その通報の事象が起こる確率を基準にして考えるとちょうど良いことが分かる。その確率が大きいとは，「よく起こる」とか，「ありきたり」を表すことになり，その確率が小さいということは，まれにしか起こらないということであるから，確率の大小と情報の量の大小は逆の関係にすればよいことが分かる。

さらに，通報は，1つ目，2つ目と増えれば，それらの情報の個々の量を足し合わせることで求めることができれば便利である。

以上のような理由から，情報の量について次のような2つの条件が導出される。

　　　　　条件1：確率に対して単調減少性
　　　　　条件2：情報の追加に対して加法性

この2つの条件を満たす関数は，一意に決まるものではないが，なるべく簡単なものが望ましいことは言うまでもない。

条件1を満足させるもの：単調減少を表す関数は無数に存在するが，ここでは，最も簡単な関数の1つとして，$y=1/x$ なる逆数関数が採用されている。

条件2を満足させるもの：2つの事象（E1 および E2）の確率がそれぞれ，p1，p2 であるとき，E1 でありかつ E2 であるという事象の確率は，$p1 \times p2$ で表現される。したがって，求める関数 f は，$f(p1 \times p2) = f(p1) + f(p2)$ となる関数があればよいことが分かる。この条件を満たすものは，$\log xy = \log x + \log y$ であることから，対数関数がふさわしいことが分かる。

条件1と条件2を合わせて

上記のことから，条件1に対しては，逆数関数を，条件2に対しては，対数関数をあてはめ，$\log_n (1/p)$ という表現が相応しいことが理解できるだろう。それは，つまり，この表現が，確かに単調減少性および加法性の両方を兼ね備えているからである。一般に対数関数の底は，1でない正数であれば良いが，ここでは，上記の条件1を満たすために，対数関数と確率の逆数との組み合わせで単調減少関数を構成している。したがって，対数関数は単調増加でなければならないので，この場合の対数の底（n）は，n>1でなければならない。

（2）情報量の定義

以上のことをまとめると，ある通報に対しその通報が示す現象の起こる確率が p の時，その通報の**情報量**（amount of information）I は，次式で定義されるのである。

$$I = \log_2 (1/p) = -\log_2 p \quad [\text{bit}]$$

この場合，対数の底は2にしているが，これが，最も一般的なものである。コンピュータ内部の演算処理が，回路のON/OFFといった2つの状態を利用していることから，2を基数とする算法（2進法）が採用され，符号化においては，0または1の組み合わせで表現される0－1パターンが使用されることなどから，対数の底に2を用いる場合が多いのである。しかし，種々の計算の上で，微分などの複雑な計算を行ったりする場合には，e（＝2.718…）を底とする自然対数を利用する場合や，10を底とする常用対数を利用する場合もある。自然対数で定義される情報量の単位は，ナット［nat］，常用対数で定義される場合は，ディット［dit］，または，デシット［decit］となる。

（3）情報量はデータ量も表現できる

2進数の1桁は，0か1のどちらかを取り得るので，0（または1）であるという通報の情報量は，1/2の確率を当てはめて，1ビットということになる。n桁の2進数の場合は，情報量の加法性は保証されるので，n ビットとなり，2進数の桁数とビット数は一致する。このことから，8ビットを1バイトに置き換えて，文字データや画像データなどの多くのマルチメディアデータの量についても，情報量は有効に機能するのである。情報量の定義の段階で，当初，情報量はデータ量ではなく，情報のもつインパクトの強さという考え方を導入したが，結局のところ，情報量でデータ量も表現することができることになり，「これにて，一件落着」となる。

問題

情報の本質に関わるような現象や事象を取りあげて，それらについて説明せよ。

70

3-2 データと情報の相違性

「日常的な意味」から「情報学としての意味」へ

1．データと情報

ここでは，まず，次のような問題を提示したい。

> データと情報は同じか？　同じ点は何であり，異なる点は何か？

筆者が中学生及び高校生を対象におこなったアンケート調査では，彼らは，データ（data）と情報（information）を区別して使用している訳ではなく，むしろ，ほぼ同様の意味で取り扱っていることがわかった（**注釈 #1 参照**）。一方，情報学やその周辺分野では，データと情報を同じ意味で扱っている訳ではないが，従来の情報教育の分野では，必ずしも両者を区別しているとはいえない状況だったといえるだろう。例えば，従来の教科書を調べれば，出版社ごとにその取扱いには違いがあったり，また，1つの教科書の中でもページによってその取扱い方が異なったりして，共通した見解があるとは言い難い状況であった。したがって，情報学教育への展開を考えれば，学校における情報教育に活用可能な情報学の展開が必要である[1]。

辞書によれば，データ（data）とは「ラテン語の datum の複数形である」と記され，「コンピュータで扱う情報で，数値や文字，記号などをコンピュータ処理に都合のよい形として，表現したもの」との説明があれば，別の辞典には，「まだ特定の目的もなく，したがって評価も与えられていない諸事実を客観かつ中立的に示している記号および系列」という説明もあり（**表1**），これらの間でさえ相異が見られることから，共通する見解を見出すのは困難であることがわかる。

表1．データの意味

出典	意味
マイクロソフト・コンピュータ用語辞典 ※アスキー，1995	ラテン語の datum の複数形。1項目の情報のことである。従来からの定義では，1項目の情報を datum と呼び，複数項目の情報を data と呼ぶ。（中略）ただし，実際には，data は単数形としても複数形としても使われることが多い。
パソコン用語事典 ※技術評論社，1995	コンピュータで扱う情報で，数値や文字，記号などをコンピュータ処理に都合のよい形として，表現したもの。
情報用語辞典 ※日本経済新聞社，1975	まだ特定の目的もなく，したがって評価も与えられていない諸事実を客観かつ中立的に示している記号およびその系列。

そこで，考察にあたっては，2つの視点を用意することにし，一つはその本質を表す形式として「形態」を，もう一つは他とは異なる性質として「特徴」を設定した。

71

まず，形態については，データも情報も同一とするのが妥当であるという結論とし，これらを共通に，「記号およびその系列」として簡略に示した。したがって，これらを混同して使用する一定の理由を保証することになる。次に，特徴についてであるが，主観的な基準を用いて次のようにした。まだ特定の目的もなく諸事実を客観かつ中立的に示し，したがって評価も与えられていない場合には，それはデータであり，一方，そのデータに対して，評価がなされ目的や意図，価値などが与えられることにより，人間が行動の意思決定または選択に役立てられるという認識を確認できれば，その認識の主体にとって情報となると定義したのである。このことを簡略に示せば，**表2**のようになる。

表2．データと情報の相違性

	データ	情報
形　態	記号およびその系列	
特　徴	客観的	主観的
	中立的	発信者－受信者間で ・意図が介在（発信者側） ・目的が存在（判断，意思決定）
	経済的価値がある （データベース）	受け手により価値が変化する

　データも情報もその形態に違いはないので，これらを常に区別して取り扱う必要はないが，その微妙な違いを理解することで，本質に迫ることができるのである。この定義は，定量的な考察の際にも有効となり，従来は，定性的考察と定量的考察の乖離が見られたが，これらの意味的な接続を可能にさせるためにもこの定義は重要である。

　したがって，定性的な考察のまとめを行えば，データは客観的な視点で捉えた場合であり，情報は主観的な視点で捉えた場合の表現であるといえるが，前述のように，この区別の規準自体が主観的であるということも重要である。つまり，「データの情報化」とは，「まだ特定の目的もなく，したがって評価も与えられていない諸事実を客観かつ中立的に示している記号および系列が，人間が行動の意思決定または選択に役立てるための一連の記号とその系列として認識されること」と定義することができ，データ概念と情報概念とは，**図1**のように，互いに相対的な関係にある。

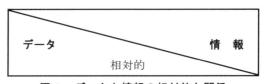

図1．データと情報の相対的な関係

２．２つの情報量

　情報量は，「データの情報量」と「情報の情報量」に区別して考えると，情報教育現場における混乱を防ぐことができる。さらに整理して示せば，「データの情報量」は，バイナリデータに変換した時のバイト数（ビット数）と定義することができ，「情報の情報量」は，情報の強度を示す指標で，どれほどの人に影響を与えることができるかを指標化したものである。この場合，どちらも，バイト（**byte**），ビット（**bit**）を使用しているが，その量の大きさや考え方には違いがあり，これをまとめると**図2**及び**図3**のようになる。

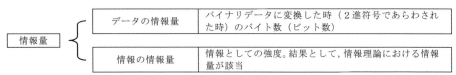

情報量	データの情報量	バイナリデータに変換した時（２進符号であらわされた時）のバイト数（ビット数）
	情報の情報量	情報としての強度。結果として，情報理論における情報量が該当

図2．データと情報の情報量（説明）

		データの情報量		情報の情報量
		バイナリデータに変換した時のバイト数（ビット数）		情報としての強度
		↓ （例）		↓ （例）
		文字量に依存した情報量		確率に依存した情報量
		文字数の総数 C [文字]	符号長の総数 L [byte]	情報理論の情報量 I [bit]
例1	表が出た	4 ［文字］	8 ［byte］ (64 ［bit］)	1 ［bit］
例2	五の目が出た	6 ［文字］	12 ［byte］ (96 ［bit］)	$\log_2 6 ≒ 2.58$ ［bit］

図3．データと情報の情報量（具体例）

・「表が出た」とは，硬貨を投げて表が出たという意味で，その確率は 1/2 とする。
・文字数の総数（n）とは，いわゆる，文字の総数であるが，日常では，半角文字も全角文字もそれぞれ１文字として扱われる。
・符号長の総数Lとは，各文字を JIS コード（例えば，２バイト系 JIS コード）で符号化した際の，0-1 パターンの長さの総数をバイト数で表したものであり，L＝２C の関係がある。
・文字以外の場合は，それぞれのデータがバイナリデータに変換されたときのバイト長となる。

３．情報概念

　情報という言葉は，日常的には大きく分けて次のような意味で用いられている[2]。それは，まず，①報道機関などから提供されるニュースや知識やデータなどの意味であり，「情報過多」，「情報の氾濫」などといった言葉に象徴されるものである。次に，②「コンピュータ処理を施して提供されるもの」ということができる。これは「情報処理」という言葉で象徴されるように統計や分析の結果などである。また，③「記号や信号や標

識」の意味で使用される場合もあり，さらに，④情報理論における取扱いもある。これ
ら４つの意味はお互いに類似した関係にあるが，概して言えば，①から②，②から③，
③から④になるにつれて符号化が進み定量性に富んだものであるといえる（**表３**）。

　以上のように，「情報」という言葉においてもその概念には幅があり，これらが混在し
て用いられていることにより，情報の本質を捉え難くしている。

　広辞苑（岩波書店，1981）によれば，情報（information）とは「或ることがらについ
ての知らせ」と記されているが，これは概ね上記の①に該当する。また，情報用語辞典
（日本経済新聞社，1975）では，情報とは，「人間が行動の意思決定または選択に役立て
る一連の記号とその系列のこと」，「ある目的のために意味を持っている一連の記号とそ
の系列」，「物質とエネルギーのすべてをパターン化した一連の記号とその系列」に大別
されている。これは，上記の①〜③の意味を含み，より広義の定義となっているが，「情
報とは意味を持っているパターンまたはそれと同等のものである」と定義することもで
きる。最後に④の情報理論おける情報についてであるが，自然科学の分野では，定量性，
客観性，再現性などが要求される。情報理論では，この様な条件を満たすために，「内容」
や「価値」といった曖昧なものを排除し，情報（通報）は，確率的現象（stochastic
phenomenon）として取り扱われ，その定量性は，確率という概念で保証される。

表３．日常的な視点から見た情報概念の分類

	情報に対する日常的な認識事項	情報という語を含む関連概念
①	報道機関などから提供されるニュースなど	情報過多，情報氾濫，情報爆発
②	コンピュータ処理を施して提供されるもの	情報処理
③	記号，信号，標識	情報表現
④	情報理論における取扱い	情報理論

注釈

#1：この調査は，平成15年度の科学研究費補助金の援助を受けて行われたもので，「データと情報」，「ア
ナログとデジタル」，「リアルとバーチャル」，「メディア」についての認識を問うものである。調査は，
2003年9月に行われ，対象者は，滋賀県内の11校（県立高校 7校，私立高校 1校，公立中学校 2校，国
立中学校 1校）の生徒達であり，あわせて2,123人から有効な回答を得た。その結果，「データと情報」
について，これらを正しく区別して使用していると判断されたものは，123人で全体の 5.8%であった。

参考文献

(1)松原伸一：ディジタル環境論〜ディジタル環境が人間生活に及ぼす影響，ナカニシヤ
　　出版，2004.

(2)松原伸一：ディジタル社会の情報教育〜情報教育を志す人のために，開隆堂，2002.

問題

データと情報の違いを説明する好例を考えて，レポートにまとめよ。

3-3 アナログとデジタルの双対性

アナログとデジタルの世界へ

1．アナログとデジタルの概念

　筆者が以前に行った調査（大学生・高校生・中学生を対象）では，アナログとデジタルという用語の使用に際して多少の混乱が見られ，両者の概念は必ずしも明確に認識されていないということが明らかになっている。また，中学生・高校生を対象に行った調査によれば，日常会話で「アナログ」よりも「デジタル」という用語の方を，使用している人数が多いという結果を得たが，それでも，半数以上の者はいずれの用語も使用していないということであった。

　そこで，情報学教育を進めるには，まず，アナログとデジタルの概念を整理しておく必要があったが，関係者の中でも種々の考え方が混在するとともに，専門書の記述と日常概念との乖離もみられ，この考察は，一見，単純作業に見えたが，その内実は混沌とした状態であった。このようなことから，この問題を早期に解決する必要を生じたが，この件については，既に筆者が検討を施し著書[1]としてまとめているので，それらを適宜引用しながら整理して述べる。

　最近では，ICT（情報通信技術）の進歩により，日常的に利用する道具や製品などの中に，いわゆる「デジタル」という語のついた商品が多く存在することを確認することができる。しかし，だからといって，「デジタル」を冠した商品を見たり使用したりすることで，デジタルという概念を十分に理解できるという訳でもないということは明らかである。一方，アナログについては，商品等につけられたものはきわめて少ないが，新しく出現したデジタル式の商品に対するものとして，従来の製品を（あえて言えば）アナログ式と認識している者も見られた。これらのことから，デジタルという用語は，商品の販売促進の上で好まれる言葉であるが，アナログという用語は，むしろ旧式をイメージさせるので商品の販売戦略上，あまり使用されないという傾向がみられたのである。

　言うまでも無く，アナログおよびデジタルについて，辞書による意味の例を示せば，**表**1の通りであるが，日常で用いられるアナログとデジタルの概念は必ずしも一意に決定できるような状況でないことも事実である。

　また，**表**2のようにアナログとデジタルを対比して表記可能な製品がある一方で，そうでない場合も多数あることから，情報学教育の立場から留意して，学習者にとって理解しやすい複数の視点（規準）を用意する必要があるという結論に至ったのである[2]。

表1．辞書による意味の違い

	アナログ（analog）	デジタル（digital）
マイクロソフト・コンピュータ用語辞典（アスキー，1995）	通常電子的な装置に適用される用語で，電子回路電圧など連続的に変化する物理特性によって数値をあらわすもの。比率を意味するギリシア語（analogos）が語源でアナログは変化と比率の両方を意味する。	数字または数字の表現方法に関連した用語。コンピュータ処理の場合，デジタルはバイナリ（2進数）と実質的に同義語である。
量としての特徴	連続的	離散的

表2．アナログとデジタルの具体例

No.	例	アナログ式	デジタル式
1	時計，ストップウォッチ	長針や短針などによる表示	電子回路を使用したデジタル表示
2	体温計，温度計	水銀やアルコールなどの温度膨張を利用	電子式温度センサを使用したデジタル表示
3	カメラ	フィルムに画像を記録	撮影された画像が CCD 素子により電気信号に変えられ，電子的に記録
4	ビデオカメラ	8mm ビデオなど動画の記録	デジタル方式による動画の記録
5	電話	アナログ電話	デジタル電話
6	テレビ放送	アナログ放送	デジタル放送

（1）表示方式としてのアナログとデジタル

　時計には，時刻を長針や短針などの位置で表すものや，数字で表示するものがある。また，従来の体温計では，水銀の膨張係数が温度に依存する（比例する）ことを利用して，その体積を指標化することで温度を表すものであったが，最近は，温度センサを使用して，温度データが電気信号に置き換えられ，電子的に処理が施されて，体温を数字で表示するデジタル式が主流になっている。この例は，従来の方式では量の読み取りが難しいという欠点を解消している。さらに，読んだ目盛が人によって異なるといった不安定も解消している。つまり，数字による表示は，使用する者にとっては，表現された数値が確定的であるという点で安心感を与えてくれるが，精度が問題になることもある。

　以前においては，メモリを按分して読むことは日常的であったが，そこには曖昧さがあった。最近では，その曖昧さを嫌う傾向があるのか，デジタル表示を好む人も多くなっている。著者の経験では，70 年代後半頃にデジタル式の腕時計が爆発的に普及した時があった。それまでは，時計の精度は値段に依存するというのが一般的な考え方であった。すなわち，価格の高いものはより正確な時刻を刻み，安いものはその時刻に多くの遅れや進みを生じるといった経験的な知識である。しかし，当時のデジタル式の時計は，針式（機械式）の時計よりはるかに安くて正確であったので，価格と精度の関係を覆した特徴的な事例といえる。その後，デジタル式の腕時計を持っていた人の中にも，針式の腕時計に買い換える者がいたり，また，新たにデジタル式とアナログ式を兼ね備えた商品なども発売されたが，現在では，デジタル処理を施して，それを液晶画面等に，針

式で表示するものが一般的で，時計に関して言えば，アナログとデジタルが混在した環境で生活しているのである。現在のようなデジタル社会においても，なお，アナログ式の時計が好まれている。その理由として，デジタル式では，残り時間を知る際には，計算（暗算）をしなければならないが，針式の時計では，どのくらいの時間が残っているかを視覚的に理解できるといった量的把握の容易さを指摘する人が多いことを挙げることができる。

　ところで，データを記録して残す場合，重要なことはそのデータが長期間の保存中に内容が変化したり，失われたりしないということである。例えば，時間とともに変化する温度データが紙上に波形で示されている時，郵送したり，コピーしたり，畳んだり綴じたりして保存されるが，それぞれの段階で，アナログデータは，様々な外的影響を受けて，その内容が変化したり失われたりすることが心配になる。一方，数字で表現されたデータでは，紙が多少汚れたりしても，数字を読み違えない限り，正確なデータを読み取ることができる。また，アナログのデータが必要になれば，グラフ用紙にそのデータをプロットすれば，もとの波形を再現することができる。

　以上のように，データを数値化するということは，そのデータの内容を安定化させることにもなるのである。

（2）処理方式としてのアナログとデジタル

　デジタルカメラは，撮影した画像をフィルムの代わりに電子的に記録するもので，撮影者がシャッターを押すと，レンズを通ってきた光（画像）が CCD 素子によって電気信号に置き換えられ，カメラ内部に装備された電子回路でデジタル処理されて記憶／記録媒体に書き込まれる。この場合は，従来のカメラが光学式／フィルム記録方式であったの対して，デジタル式カメラは，デジタル処理によるものである。

　カメラ市場においては，デジタル製品の誕生により，これと対比して推察されるアナログという用語は，カメラの製品には特に使用されていない。電話やテレビ放送においてもアナログという用語は一般には知られていない。一般にデジタル処理は，情報を 2 進符号化形式で記憶・演算され，DSP（デジタルシグナルプロセッサ）や MPU（マイクロプロセッサユニット）などを使用して処理される。したがってこのような処理をしないものは，本来，非デジタル方式と言うべきであるが，敢えて，デジタルに対比させて，アナログ式と呼ばれることもある。したがって，個別の機器等についてアナログの部分の説明はできても，アナログ処理方式についての共通する概念をクリアに示すのは困難であるし，仮に言葉を駆使して表現したとしても，日常での利用価値は低いかもしれない。それよりむしろ，前述のように，デジタルの意味を明確にし，それでないものと区別する考え方，すなわち，デジタル／非デジタルの考え方の方が理解しやすいかもしれない。

2．アナログとデジタルの双対性

　前述のように，アナログ及びデジタルという用語には，それぞれ異なる2種類の意味があることがわかった。第一には，表示方式としてのアナログとデジタルであり，第二には，処理方式としてのアナログとデジタルである。つまり，表示方式に依拠した場合のデジタル化とは，数字化を意味し，処理方式の場合のデジタル化は二進符号化（ここでは，簡単に，バイナリ化という表現）を意味するのである。**図1**のように，アナログ／デジタルの対概念が，表示方式／処理方式のそれぞれにおいて二重の意味で並立して配置されることから，筆者は，この状況を，アナログとデジタルの双対性（そうついせい）と呼んでいる[3]。

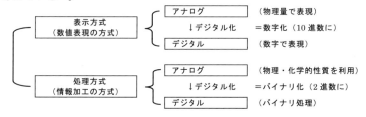

図1．アナログとデジタルの双対性

　最後に，情報学の専門家に尋ねれば，「アナログとデジタルには大差はない。違いがあるとすれば精度の高低くらいだ。」と返ってくることだろう。つまり，連続と解釈される物理量でさえアナログと言えるかという疑問が出てくるのである。それは，例えば，物は，分子や原子などで構成され，無限に細かく分けることはできないからで，質量も，エネルギーも，とびとびの値をとる物理量であることに気づかされるのである。

注．学習指導要領の表記が「ディジタル」から「デジタル」に変更されたのを受け，本書でも原則としてそれに従った。

参考文献
(1)松原伸一：ディジタル社会の情報教育〜情報教育を志す人のために，開隆堂，2002.
(2)松原伸一：情報科教育法，開隆堂，2003.
(3)松原伸一：ディジタル環境論〜ディジタル環境が人間生活に及ぼす影響，ナカニシヤ出版，2004.

問題
アナログとデジタルについて例を取りあげ，その長所と短所について考察せよ。

3-4 リアルとバーチャルの同義性

現実世界と仮想世界

1. リアルとバーチャル

　最近，バーチャル（virtual）という語は日常においても頻繁に使用されるようになった。特に，ゲームやシミュレータなどでは，バーチャルリアリティ（virtual reality）という用語が盛んに使用されたため，日常においても知らない学生は少なくなっている。筆者は授業等で，「バーチャルの意味は何ですか？」と毎年問いかけることにしているが，知らない学生がいたのは相当以前のことで，最近ではバーチャルリアリティの知識から，仮想現実と答えてしまう学生もいるが，仮想と答えることができる学生も年々増えてきている。しかし，問題はこれからである。次に，「それでは，仮想とは，どういう意味ですか？」と尋ねれば，問題は明白となる。その漢字からイメージして，「仮に想うこと」に類した答が多く，概ね「架空の」というイメージが定着している。それでよいのだろうか？　ここで取り扱う情報学とは，バーチャルの概念に迫ることである。

（1）リアルとバーチャルの同義性

　バーチャル（virtual）という用語の意味は，新英和大辞典（研究社，1971）（**注釈#1参照**）には，「表面上または名目上はそうではないが，事実上の，実質上の，実際上の」と記され，専門用語の欄には，光学分野の virtual image（虚像），機械分野の virtual displacement（仮想変位），理学分野での virtual mass（仮想質量）の例示があり，virtual の和訳として，「虚」と「仮想」が当てられている。一方，マイクロソフト・コンピュータ用語辞典（アスキー，1995）には，virtual とは，「仮想。実在しないものとして関知される装置あるいはサービスを表すための形容詞。」との説明があり，関連語として，virtual address（仮想アドレス），virtual device（仮想装置），virtual disk（仮想ディスク），virtual image（仮想イメージ），virtual peripheral（仮想周辺装置），virtual memory（仮想メモリ）などが掲載されている。

　以上のように，virtual は，自然科学の分野では虚や仮想と訳される。特に，コンピュータ科学の分野では，仮想という語は他の語と組み合わせて複合語として頻繁に使用される。したがって，「バーチャル〇〇」，または，「仮想〇〇」というコンピュータ用語について説明することは，関係者にとって容易なことである。しかし，この分野では，「バーチャル〇〇」，または，「仮想〇〇」というコンピュータ用語の科学的概念に関心があ

り，必ずしもバーチャルや仮想という語のもつ本質的な意味概念に関心がある訳ではない。

次に，real という語について virtual という語と比較して考察を行う。virtual の場合と同様に real についてもその意味を辞書で調べれば，「本当の，現実の，実際の」と記されている。virtual の意味は，既に述べたように，「事実上の，実質上の，実際上の」ということであるので，virtual も real も仔細な点は別にして，ほぼ同様な意味である（**表１**）。

表１．real と virtual の同義性

	real	virtual
意味１	現実の	仮想の
意味２	本当の 現実の 実際の	事実上の 実質上の 実際上の

しかし，日常生活では，リアルとバーチャルは反対の意味として捉えられているので，上記のように同様とする考えとの間で乖離を生じている。つまり日常生活においては，virtual については想像上で架空のものであるという認識であり，一方の real は現実に対して用いられるので，両者は互いに反対の意味をもつものとして捉えられているのである。この考えは，（必ずしも間違いとは言えないが），バーチャルの本質を理解した正しい認識であるとも言いがたい。

この点に関して，西垣[1]は，「virtual」とは，現実に対する「虚構」という意味ではなく，たとえ，虚構の信号から構成されていても，事実上は現実と同様の効果をもつとしている。また，吉田[2]は，「仮想」的なものとは，たとえ，物理的な実体を持たなくても，人間にとって何らかの実質的ないし社会的機能を果たすものであると定義している。

以上のように，virtual を仮想と和訳することで，「仮に想う」という漢字の意味の影響を受け，結果として架空という意味を連想することになる。virtual という語のもつ英語の本来の概念が，仮想という日本語に置換されたことで，virtual と仮想との間でそれぞれの概念に相違を生じ，バーチャルとリアルにおける同義性が隠滅したために，virtual や仮想についての意味を明確にする必要性が生じている。

（2）リアルとバーチャルの相違性

リアルとバーチャルとは全く同じ意味でない以上どこかが違うはずである。今までの考察から，相違性についてまとめると**表２**のようになる。virtual は「虚，質量なし」であり，「実在しないが実在するのと同じ機能のある」という意味で，機能の点で実在するのと同じであることがわかる。virtual の名詞形は virtuality であり，real の名詞形は reality である。

表２．real と virtual の相違性

	real	virtual
意味１	実 質量あり	虚 質量なし
意味２	実在する	実在しないが 実在するのと同じ 機能のある

したがって，バーチャルという語を用いて，何かを表現する際には，このことを念頭に入れて，考慮したいものである。例えば，「バーチャル・シティ」を取り上げれば，シティは現実に存在しないけれど，情報技術などを駆使して，シティがあるのと同じ機能

が提供されなければならない。その機能については，関係者で議論すれば良いと思われるが，例えば，本当に買い物ができるとか（ショッピング機能），市民になれるとか，市長を選挙で選ぶことができるとか（行政機能），市議会を構成することができるとか（立法機能），シティ内でのトラブルを裁くとか（司法機能）などが考えられる。

2．「仮想世界の現実性」と「現実世界の仮想性」

リアルとバーチャルの言葉を組み合わせて，次のような２つの言葉を作ることができる。１つは，広く知られている <u>virtual reality</u> であり，他の１つは <u>real virtuality</u> である。virtual reality は，<u>仮想的現実性（仮想世界の現実性）</u>のことでありよく知られている。一方，real virtuality の方は，一般的ではないが，これらの対比から重要な概念として位置づけ，これを<u>現実的仮想性（現実世界の仮想性）</u>と呼び，これらの相互接近による問題性が指摘される[3]。

（1）仮想世界の現実性

バーチャル・リアリティ（virtual reality）は，仮想現実と訳される。これは，工学的な側面で見れば，現実感をともなった仮想的な世界をコンピュータの中に作り出された状態やその状態を作り出す技術（以降，「VR 技術」と呼ぶ）を指す。宇宙空間での作業や原子炉内での修理作業のように，実際に人間がその場に行くのに困難や危険がある場合，人間の代わりにロボットにその作業をさせることが考えられる。VR 技術

VR 技術の可能性

①仮想環境が現実の作業にリンクする場合

実際には存在する世界（または環境）であるが，何かの理由（危険である，コストがかかりすぎる，何度も再現できない）で，その世界（または環境）には，入ることができない場合，VR 技術を利用した遠隔操作を行うことなどがこれに該当する。

②仮想環境が現実の機能にリンクする場合

実際には存在しない世界ではあるが，そこにある各種の機能が現実にある機能と同様であったり，現実には体験することができない機能であっても，その機能が十分現実性を持っている場合などがある。

は，このような場合にあたかも自分がその場で作業しているかのように振舞うことで，そのロボットの操作を可能にするのである。また，現実に近い感覚を提供できる装置の開発により，例えば，ある物体の側面を通過する空気の流れや有機化合物の構造，人体の骨格や臓器など多くの分野において，３次元表示の中で，VR 技術を応用して，それに触れてみたり，動かしてみたり，観察したりすることも可能となる。また，VR 技術を利用して，外科医が実際の手術を行う前に，手術を仮想的に体験したり，また，家を建てる際の設計段階でも，どのような家が出来上がるのかを体験することができたり，人格を持ったキャラクター達が登場するある種のゲームの中に入り込み，自らがその登場人物になって活動したりすることができる。

（2）現実世界の仮想性

virtual reality は仮想現実と訳され，仮想世界の現実性を追求するものであった。一方，物語や小説は，現実世界を描写したり，現実には起こり難い事件や現象を取り上げたりすることもある。いずれにしても，これらは，現実そのものではなく，言わば仮想世界ということもできるだろう。

> **real virtuality（現実的仮想性）**
> 演劇，芝居，歌舞伎，浄瑠璃
> コンサート，リサイタル
> 遊園地，テーマパーク
> 模擬授業，マイクロ・ティーチング
> ロール・プレイング
> 避難訓練，予行演習　など

ドラマ（drama）は，演劇や芝居などを意味するが，種々の手段により，上演されたり，また，映画のようにメディアを通して上映されたりする。そこに登場する人物を演じる人は，現実世界の人であり人格を有す。そして，その人物には役があり，彼はその役を演じ，その演じている世界は，現実世界である。このように，演劇や芝居のように役者が存在するが，演じている役の人物・人格はそこには実在しない（他に実在する場合もある）。これは，もっともプリミティブな場合の例であるが，私は，これを**現実世界の仮想性**（現実的仮想性，real virtuality）と呼んでいる。歌舞伎や浄瑠璃などもその例となる。

私たちの毎日の営みは現実そのものであるが，日々の喜びや悲しみ，安心や不安の中に生きている。このような身体的・精神的な両面に渡る疲労やストレスから逃れるためには，余暇が必要で，演劇やコンサート，遊園地などもそれらの持つ仮想性が私達の生活に潤いを与えるものとなっているし，他にも，現実世界のシミュレーションとしての効用が認められているものもある。このように考えると，我々の現実生活の中にも，仮想性の必要なことは十分理解できる。実際に現実も仮想化が進んでいるのである。

注　釈

#1:ここで引用した辞書は，「新英和大辞典」（第4版，研究社，1971）である。また，「新英和大辞典」（第5版第29刷，研究社，1995）でも同様であるが，「新英和大辞典」（第6版第1刷，研究社，2002）では，「仮想の」という説明が付け加えられ，そこには，「物理的な実体がなく，ソフトウェア的に（ネットワーク上に）実現される」という説明がある。

参考文献

(1)西垣通:聖なるヴァーチャル・リアリティー論－情報システム社会論,岩波書店,1995.
(2)吉田純:インターネット空間の社会学－情報ネットワーク社会と公共圏,世界思想社,2000,
(3)松原伸一:ディジタル環境論～ディジタル環境が人間生活に及ぼす影響,ナカニシヤ出版,2004.

問題

リアルとバーチャルについて，分かりやすく説明するプレゼンを作成せよ。

3-5 メディアの多義性

メディアとは

1．メディア概念のいろいろ

（1）メディアの種類

　まず，メディアの種類について考えてみよう。日常生活において，私たちは，さまざまな対象に対してメディアという用語を使用している。例えば，テレビ・ラジオのような放送メディア，新聞・雑誌・書籍などの印刷メディア，あるいは，テレビ・ラジオ・新聞・雑誌などを報道メディアと捉えたり，フロッピーディスク，CD-ROM, DVD, BD（Blu-Ray Disc）などの記録メディア，メモリースティック，SD メモリなどの記憶メディアがあり，また，情報通信分野では，インターネットや Web ページなどをネットワークメディアと呼んだり，アナログメディアやデジタルメディアという用語が用いられたりすることもある。一方，コンピュータ科学の分野では，アナログメディア／デジタルメディアとは，特に情報を蓄える媒体を示し，古くは，紙テープ，カード，磁気テープ，磁気ディスクなどのように，コンピュータで処理するための情報を記憶するのに用いる物理的材料を集合的に表す用語として用いられたのである。また，ある書物には，「インターネットは，身近でとても便利なメディアとなってきました」と記されたり，「Web ページはメディアである」のように書かれたりすることもある。そこで，本書では，情報メディア教育を進める過程で，メディアの概念の広さを理解させるため，日常的な表現でメディアの種類を表現している（**表1**）。

表1．メディアの種類（例）

様々なメディア	説明
表現メディア （マルチメディア）	数値，文字，画像（静止画，動画），音声のように，基本的な表現手段を例にあげることができる。 ※これらが統合したものはマルチメディアと呼ばれる。
情報メディア	情報を伝達する機能をもつ媒体の総称である。
放送メディア	テレビ，ラジオなどが典型的である。
印刷メディア	書籍，新聞，雑誌，パンフレットなどがある。
報道メディア	テレビ，ラジオ，新聞，雑誌などの報道機関を指す。
記録メディア	CD，DVD，ブルーレイディスクなどの記録手段を指す。
記憶メディア	SD メモリーカード，USB メモリなどがある。
アナログメディア／ デジタルメディア	アナログデータ／デジタルデータをそれぞれ取り扱う。
ネットワークメディア	インターネット，Web ページなどを指す。

　※「ディジタル環境論」（松原伸一著，ナカニシヤ出版，2004）の表 5-1 をもとに加筆・修正した。

（2）メディアの器論と導管論　～メディア概念の整理

　メディア（media）とは，mediumの複数形で，「媒体」，「媒介」，「手段」などと訳される。すなわち，メディアは，ある所（または，状態）からある所（または，状態）へ内容を運ぶ媒体や媒介となるものであり，それ自体は内容を運ぶ手段に過ぎない。また，メディア自身の性質や能力あるいはその特徴など

に起因して，内容が運ばれる過程において，何らかの物理的な制約が生じ，結果として，その内容に制約が与えられることがある。しかし，その場合でも，メディアは，本来，内容そのものではないのである。したがって，メディアは，内容を支える「器」や「導管」のようなものであり，内容は，器にいれて運ばれたり，または，導管を流れたりして，伝達されるのである。

　しかし，時には，媒体や媒介にノイズが混入することがある。言い換えれば，元には無かった内容が追加されたり，あるいは内容の一部が壊れたりするという事態が発生することがある。情報理論においては，情報を伝達する手段を通信路というが，必ずしも目に見えるような具体的な通信の路であると限定するものではなく，もっと幅広い概念である。情報理論においては，情報は，空間と時間を媒介として伝達されると考える（情報伝達のモデル化）。情報の空間的伝達とは，ある場所で発生した情報を別の場所で受け取ることであり，時間的伝達とは，ある時刻に発生した情報を別の時刻に受け取ることである。通信路においては，単位時間にどの程度の情報を送ることができるかを表す通信速度，その最大値である通信路容量などが重要なテーマとなるが，誤りのある通信路ではどうなるかに関しても同様である。また，通信工学では，誤りという概念については，信号（signal）に対する雑音（noise）として取り扱われ，情報そのものである信号と誤りである雑音，情報伝達の手段である通信路は，明確に区別して論じられるのである。通信路という概念は，ここでいうメディアの概念に近い。

　このようなメディアの定義は，主に情報工学，情報科学などの自然科学の分野を中心に，情報社会を技術的な側面で支える立場において，概ね共通する解釈であると思われる。しかしその一方，例えば，哲学，社会学，情報学などの分野では，「メディアという物質的・技術的な形式によって社会を把握する技術決定論ではないか」という批判もある[1-3]。詳細については，**ユニット4-4，4-5**を参照されたい。

　本書では，メディアが単にメッセージを入れる入れ物とする考え方を「メディアの器（うつわ）論」と呼び，メッセージを流す導管とする考え方を「メディアの導管論」と呼んでいる。器論は，media の原義に基づくものであり，導管論は，インターネットのような世界規模的な電子情報ネットワークも該当し，それぞれの論は，情報教育において理解しやすいものとなっている。

2．学校におけるメディアの取り扱い

（1）中学校の「技術・家庭」科の場合

　中学校学習指導要領（平成 29 年告示）解説 技術・家庭編（平成 29 年 7 月）[4]では，「D　情報の技術」において，メディアについては，次のように表現されている。

> D　情報の技術
> 　(2)イ　問題を見出して課題を設定し，使用するメディアを複合する方法とその効果的な利用方法等を構想して・・・（略）・・・

と記述され，その際の説明として，

> 　また，コンテンツに用いる文字や静止画などのメディアには，・・・（略）・・・，なお，ここでのメディアは，記憶媒体としてのメディアではなく，文字，音声，静止画，動画などの，表現手段としてのメディアを指している。

としている。

　また，中学校学習指導要領解説 技術・家庭編（平成 20 年 9 月）[5]では，

> D　情報に関する技術
> 　(2)ディジタル作品の設計・制作について，次の事項を指導する。
> 　　ア　メディアの特徴と利用法を知り，制作品の設計ができること。
> 　　イ　多様なメディアを複合し，表現や発信ができること。

と記され，メディアの説明としては，

> 　ここでの，メディアは，記憶媒体としてのメディアではなく，文字，音声，静止画，動画など，表現手段としてのメディアを指している。

であり，同様の記述がなされている。

　さらに，その前の中学校学習指導要領（平成 10 年 12 月）[6]では，「B　技術とものづくり」における，次のような(5)の内容において，

> (5)コンピュータを利用したマルチメディアの活用について，次の事項を指導する。
> 　ア　マルチメディアの特徴と利用方法を知ること。
> 　イ　ソフトウェアを選択して，表現や発信ができること。

と表記され，メディアの説明として，

> 　ここでは，身近な情報を題材として取り上げコンピュータを用いて画像・音声・文字などの多様なメディアを操作して，それらを統合し，一元的に活用するマルチメディアの特徴や利用の方法について知らせる。

とある。

　以上のことを総合して考えれば，技術・家庭科では，当初，マルチメディアからメディアへの用語の変更がみられたものの，そこで取り扱うメディアは，いわゆるマルチメディアのことであると理解される。

つまり「表現手段としてのメディア」とは，単に「記憶媒体としてのメディア」に対するものであり，マルチメディアに相当するが，その概念が多義的なため，明確にする意味で，文字，音声，静止画，動画などの表現メディアとしているのである。

（2）高等学校の場合

高等学校学習指導要領（平成30年告示）解説情報編[7]では，「メディアの特性」という表現が各所に見られ，「表現，伝達，記録などに使われるメディアの特性」という表記もあり，中学校よりメディアの概念は広いことがわかる。

一方，専門教科情報科では，新設された科目「メディアとサービス」では，その目標に，「メディア及びメディアを利用したサービスの活用」という表記があり，メディアをより広く捉え，多様なメディアを取り扱っている。

> 第11節　メディアとサービス
>
> (1)メディアと情報社会
> 　　ア．メディアの機能
> 　　イ．メディアの活用
> (2)メディアを利用したサービス
> 　　ア．メディアを利用したサービスの機能
> 　　イ．メディアを利用したサービスの活用
> (3)メディアを利用したサービスの役割と影響
> 　　ア．メディアを利用したサービスと情報社会との関わり
> 　　イ．メディアを利用したサービスと情報産業との関わり

参考文献

(1)大黒岳彦：「メディアの一般理論」への視座～N.ルーマン社会システム論のメディア論的位相，思想(2003年7月号)，No.951, pp.23-47，2003.

(2)正村俊之：記号学・メディア論・情報科学の源流，思想(2003年7月号)，No.951, pp.1-4，2003.

(3)水越伸(責任編集)：２０世紀のメディア1　エレクトリック・メディアの近代，ジャストシステム，pp.13-15，1996.

(4)文部科学省：中学校学習指導要領（平成29年告示）解説　技術・家庭編　平成29年7月，開隆堂，2018.

(5)文部科学省：中学校学習指導要領解説　技術・家庭編　平成20年9月，開隆堂，2008.

(6)文部省：中学校学習指導要領（平成10年12月）解説―技術・家庭編―，東京書籍，1999.　※上記の学習指導要領(4)(5)(6)では，表現にバラつきが見られるが，表記通りに記述している。

(7)文部科学省：高等学校学習指導要領（平成30年告示）解説　情報編　平成30年7月，開隆堂，2019.

問題

「メディア」という用語が日常で使用されている例を収集し，それらがどのような意味で使われているかについて考察せよ。

3-6 マルチメディアの多様性

マルチメディアとは

1．マルチメディア

　マルチメディアとは，マルチ（多重）とメディア（媒体，手段）が組み合わさってできた語で，幾つのもメディアが統合されることを示し，言葉どおりに表現すれば，「マルチ化したメディア」といえる。ここでいうメディアとは，本来，情報を伝達する媒体，すなわち，数値，文字・数字，音・音声，画像（動画，静止画）をさす。これらがデジタル技術により統合化（マルチ化）され，情報機器（情報通信ネットワークを含む）において，簡単な操作により多種の情報を利用できるようになった状況において，その際のメディアに着目した表現が，マルチメディアなのである。

　しかし，日常的には，メディアといわれて，数値・文字・音声・画像などを思い浮かべる人は少ないであろう。私たちは，マルチメディアの概念が形成される前に，既にメディアという用語を日常的に使用していたからである。つまり，先に定着していたメディアの概念やその関連知識が，マルチメディアの特にメディアの部分を認識する際に，支配的な影響を与えたのでないかと考えられる。マルチメディアのターゲットとなるメディアをどのように捉えるかでその意味は異なり，結果として，マルチメディアの概念が曖昧なものになってしまったと考えられる。しかし，いずれにしても，マルチメディアは，情報のデジタル化による統合であるから，コミュニケーションの高度化を支えるものでもあるとともに，高度情報通信社会のキー概念の1つといえるだろう。それでは，順を追って，メディアやマルチメディアの概念に接近してみよう。

　マルチメディアとは，コンピュータ用語辞典で調べてみると，音声やグラフィックス，アニメーション，映像を結合したもの（Computer Dictionary second edition, Microsoft Press の翻訳版，マイクロソフト　コンピュータ用語辞典第二版，1995 年第二版第 3 刷発行，アスキー）とあり，また，別の辞典では，本，テレビ，ラジオのような既存の情報メディアを電子的に結合して各メディアのもつ限界を超え，利用価値を高くしようとしたメディア（パソコン用語事典，1995 年第 6 版発行，技術評論社）とある。

　このように，マルチメディアの概念が曖昧な状況にあることは前述のとおりである。さらに，類似したものに，メディアミックスという言葉もあり，これは広告などの目的で，テレビや新聞などの複数の異なる情報媒体（メディア）を利用することを意味したものであった。マルチメディアはこのメディアミックスという意味で使われたこともあ

った。

　コンピュータや家電製品などにおいて，コード・データ（数値や文字），イメージ・データ（静止画や動画），音声データなど多様な情報の形式を組み合わせて，簡単な操作でこれらの利用を可能とする機能を持つ場合，『マルチメディア〇〇〇』といわれていた。その例としては，まず，パソコンの分野では，その発展時期において，従来は容易に扱えなかった画像や音声などのデータをコンピュータで処理可能なコード・データと関連付けて管理したり，表示できるようにすることを意味し，このため，CD－ROM を組み込んだパソコンをマルチメディアパソコンと呼ばれたこともある。ソフトウェアのインストールにおいても，CD-ROM の読み込み機能は最小必要条件であり，最近では，これ以外に，CD-R，CD-RW，DVD-R，DVD-RW，DVD+R，DVD+RW に加え，DVD-RAM の読み書きに対応するドライブ（スーパーマルチドライブ）の他に，Blu-Ray Disc（BD，ブルーレイディスク）などの記録メディアに対応したものもある。

　次に，家電の分野では，テレビやラジオのように受信するといった一方的な情報通信形態であったものを，コンピュータを搭載して，双方向で各種の情報のやり取りができるようにすることをマルチメディアと呼ばれることが多かったが，現在では，これらは，通信ネットワークに接続され，いわゆる情報家電として位置付けられるものである。

　なお，昨今では，各国において，マルチメディア放送が注目されている。これは，放送波や通信回線を使用し音声・映像（簡易動画）・データなどのコンテンツのストリーミング配信・ダウンロード配信を行い，それらを組み合わせて実現する新しい放送形態である。日本では，地上デジタル放送の完全実施に伴い，地上アナログ放送の終了後に見込まれる空いた周波数帯の一部を利用してマルチメディア放送が実施された。

　また，通信の分野では，電話などのように音声のみの通信ではなく，テレビ映像やコンピュータで処理するコード・データなどを多重化して，1 つの回線で通信することを示すこともある。

2．マルチメディアの情報量

　アナログのデジタル化によりデータ量が飛躍的に増大するため，デジタル圧縮技術がマルチメディアの発展・普及に向けてのキー・テクノロジとなるのである。ここでは，情報を記録する媒体としてのメディアを取りあげる。各メディアに記録される情報量を概算で求めよう。

表 1．キロやメガなどの表記

記号	べき乗	実数
K（キロ）	2^{10}	1,024
M（メガ）	2^{20}	1,048,576
G（ギガ）	2^{30}	1,073,741,824
T（テラ）	2^{40}	1,099,511,627,776

　一般にコンピュータ科学の分野では表 1 のように，例えば，1 ［キロバイト：KB］

は 1024=2^{10}〔バイト：Byte(s)〕のように2のべき乗値を利用してキロ（K）を表し、それをM（メガ）、その2^{10}倍をG（ギガ）とする場合があるが、ここでは、それぞれのメディアの情報量の概数を理解することが目的なので、単純に、

$$1[KB]=10^3[byte],\ 1MB=10^3[KB]=10^6[byte]$$

として計算することにしよう。

表2は、各メディアの情報量をまとめて表したものである。

例えば、A4サイズの用紙は、仮に1,600字の日本語が書かれていたとすれば、1文字当たり2バイトであるので約3キロバイトの情報を記録できる。新聞1ページでは、条件設定により結果も異なるが、ここでは仮に、1段1,000字として15段あるとすれば、30キロバイトになる。新書1冊では、600文字のページが200ページだとすると、240キロバイトになる。

次は図形について考えよう。最初は、単純な白黒画像についてである。今では少なくなったが、基本的なサイズとして640×480ドットの場合は、38KBとなる。もちろん画像のサイズが大きくなればそれだけ多くの情報量となる。256色（8ビットカラー）の静止画では、307KB、1,670万色（24ビットカラー）では、921KBである。

表2．マルチメディアの情報量

№	メディア	情　報　量		
		バイト	KB	MB
1	A4サイズの用紙1枚 40文字×40行の場合 情報量＝1,600×2	3,200	3	
2	新聞1ページ 紙面1ページを文字で埋めた場合 情報量＝1,000字×15段×2	30,000	30	
3	新書1冊 文字数＝600文字×200ページ 情報量＝120,000×2	240,000	240	
4	図形（白黒） 白黒、640×480ドットの場合 情報量＝640×480×1ビット/8	38,400	38	
5	静止画（256色＝8ビット） 情報量＝640×480×8ビット/8	307,200	307	
6	静止画（1670万色＝24ビット） 情報量＝640×480×24ビット/8	921,600	921	
7	動画（1秒、30フレーム） 情報量＝921,600×30	27,648,000	27,648	27
8	60分の映画 情報量＝27,648,000×3600秒	99,532,800,000	99,532,800	99,532

ところで、PCの画面を横×縦のドット数で表現すれば、1024×768、1920×1080のように示され、また、テレビの規準に準じて、4K（3840×2160）、8K（7680×4320）などもあり、解像度が高くなるとともに画面も広くなっているのである。

一方，画面のアスペクト比に着目すれば，横：縦＝4：3のもの（640×480，800×600，1024×768など）から横長（ワイド）になり，16：9のアスペクト比となるもの（1280×720，1366×768，1920×1080など）もある。表2では，画像においても，基本形として，640×480ドットを採用し，この場合の計算式を示しているので，状況に応じて計算をされることをお勧めしたい[1]。

次は動画について考えよう。サイズは今までと同じ条件として，1秒間で30フレームとして，27メガバイトになる。60分の番組を考えると何と100ギガバイトになるが，この場合も実際の画面のサイズに応じて計算する必要がある。

例えば，基本形を640×480としているので，仮に1024×768の場合は，

$$（1024×768）÷（640×480）＝2.56$$

となるので，2.56倍となる。

このように，動画の場合は，極めて情報量が多くなり，それを記録する場合には，何らかの工夫が必要になる。昨今では，USBメモリやSDメモリカードでも，MB（メガバイト）からGM（ギガバイト），TB（テラバイト）への高規格のものを入手することができるようになっているが，情報の圧縮は効率的に保存するための解決策といえる。周知のように，jpegは静止画の圧縮方式の1つで，動画にはmpegという圧縮方式などがある。

追記

現行の学習指導要領では，中学校，高等学校ともにマルチメディアという用語は使用されていない。マルチメディアに相当する個所では，例えば，「文字，数値，音声，画像等の情報」と表現されている。マルチメディアの概念に幅があるため，読者の誤解や混乱を避けるため，この用語を意識的に使用しなかったと記憶している。しかしながら，マルチメディアの表記を使用しないとした際にも，当時の専門教科「情報」には，11科目ある内の1つに，「マルチメディア表現」があり，これは科目名であるがゆえに，使用しない訳にはいかない事態となっていたが，現在ではその問題は解消している。その後の改訂で，専門教科情報科では，11科目から13科目に科目数が増大した際，「マルチメディア表現」が，「表現メディアの編集と表現」という科目に変更されるとともに，更なる改訂では12科目に減少するが，「メディアとサービス」が新設されている。

参考文献

(1)松原伸一：ディジタル社会の情報教育〜情報教育を志す人のために〜，開隆堂，2002.

問題

「マルチメディア」という語が使用されている例を収集し，その意味を考察せよ。

3-7 情報セキュリティとその対策

情報セキュリティポリシー

1. 情報セキュリティ

（1）コンピュータウィルス

　コンピュータウィルス（computer virus）は，コンピュータシステムに被害を与えたり，いたずらを加えたりする目的で作られたプログラムである。生物ウィルスのように，人に気づかれないうちに，多くのコンピュータに次々と伝染し，コンピュータシステムに異常を起こし，コンピュータが起動できなくなったり，画面に異常が発生したり，データが書き換えられたりする。これらの危険から回避するためには，常に新しい情報を入手するとともに，被害の実態を知る必要もある[1]。

コンピュータウィルス対策

　コンピュータウィルスに感染しないためには，作成者不明のプログラムや所有者がはっきりしないフロッピーディスクなどを使用しないことが重要であるが，これだけでは，コンピュータウィルスの進入を防止することはできない。コンピュータウィルスに感染しているかどうかを調べるには，ウィルスチェックプログラムが有効で，定期的に行うことが必要である。また，知らない相手からの電子メールやその添付ファイルは，原則として開かないようにし，どうしても開く必要がある場合には，ウィルスチェックを行ってあらかじめ問題ないことを確認してからにすることが重要である。ウィルスチェックプログラムは最新のものを常に使用することが必要であるが，前述のように，新種のウィルスが次々に開発されるため，その対応に追われ苦慮しているのも事実である。したがって，関係のサイトから常に最新の情報を入手することが必要であろう。また，**ウィルスウォール**の活用も効果が期待される。しかし，不幸にもコンピュータウィルスに感染してしまったら，**ワクチンソフト**を利用してコンピュータウィルスに感染したデータやプログラムファイルから，ウィルスを除去し，修復しなければならない。

（2）不正アクセス

　不正アクセスは，政府機関や企業，団体等の内部のコンピュータ・ネットワークに外部から正規の手続きを経ずに不正に侵入する行為であり，不正アクセス禁止法で規定される不正アクセス行為のほか，ネットワークを介しての不正な行為全般を含む。不正アク

セスは，ネットワークシステムのプログラムなどの不備であるセキュリティホール（security hole）をついてアクセスされる場合の他に，何らかのアクセス権を不正取得して本来の使用許可者になりすましてアクセスする場合（なりすまし）がある。

不正アクセス対策

　不正アクセス行為の禁止等に関しては，「不正アクセス行為の禁止等に関する法律」が平成12年（2000年）2月13日に施行されている。その後の改正法は，2001年1月6日となっている。このように法律は改正されるので，適宜確認をする必要がある。

　システムの管理者が行う対策として，インターネットサービスに関わるプログラムはバグ等が改善された最新のものを利用するように心がけることが必要である。また，利用者のパスワード管理を厳重にしたり，容易に見破られる可能性のあるパスワードでの使用許可を認めないといったことも重要であるが，パスワードの取り扱いに関する注意をシステムのユーザ全員に喚起するなど，人に関連した対策も効果が期待できる。

　個人ができる対策としては，信頼のできるインターネットサービスプロバイダを利用するようにし，Webページを閲覧するソフトであるブラウザソフトについても，最新のセキュリティ対策済であるものを使用したり，最新のコンピュータウィルス対策ソフトを用意しておく必要がある。

（3）情報セキュリティ対策
①ユーザ認証（user authentication）

　ユーザ認証とは，マルチユーザやネットワーク向けのオペレーティングシステムにおいて，ユーザのログオン情報が有効なものであるかどうかを調べるプロセスのことで，多くの場合は，ユーザIDとパスワードにより行われている。これをユーザ認証という。

　ここで，ユーザIDは，システムがコンピュータを利用する者を特定するための一種の名前であり，パスワードは，本人がどうかを確かめるためのキーワードである。

　したがって，このパスワードは，本人しか知らないキーワードでなければならず，他者に簡単に分かってしまうようなものは適切ではない。そこで，パスワードを決める時には右のような点に注意しなければならない。

パスワードを決める時の注意点

- 容易に連想される語（家族の人の名前，愛車の名前，住所，町名など）を使用しない。
- ユーザの個人情報（例：生年月日，血液型，電話番号など）に関する語を使用しない。
- 辞書にある意味のある語を使用しない。
- 文字数は多い方が良い。
- 特殊文字を含めた方がよい。
- 定期的にパスワードを変更する。
- 過去に使ったパスワードは使用しない。
- メモ書きして見えるところに置かない。
- パスワードのタイプを人に見られない。
- パスワードをファイルに書いておいたり，電子メールで送ったりしない。

---

②電子認証（electronic authentication）

　電子認証とは，セキュリティ確保のために，ネットワーク上の個人や法人が確かに当該者（本人）であることを確認する手続きであり，電子商取引においては欠かせないシステムである。ある電子署名が本人によって行われたことを第三者によって証明する仕組みとして，公開鍵暗号方式によるデジタル署名についていえば，第三者である認証機関がデジタル署名に用いられる公開鍵の所有者の本人確認を行い，電子署名を発行して証明することとなるのである。

③暗号・暗号方式（encryption）

　情報を保護する目的で，その情報を意味のわからない形に変換すること。暗号化は，暗号鍵を用いて情報を暗号文に変換することで，復号化は，復号鍵を用いてもとの情報に復元することである。暗号方式には，共通鍵暗号方式と公開鍵暗号方式がある。

共通鍵暗号方式と公開鍵暗号方式

　大切な情報を守るには，それを暗号にする必要があり，「鍵」を使用することになる。つまり，情報は鍵を使って暗号化される。その暗号を元の情報にもどすことを復号化といい，このときも「鍵」を使用する。暗号化と復号化の両方に同じ鍵を使う場合を共通鍵暗号方式（慣用暗号方式：conventional encryption system）といい，古典的な暗号はこの方式に該当する。この方式では共通鍵を厳密に管理する必要があり，ネットワーク上で情報通信を行う場合は，暗号化した情報を安全に送ることはできても，これを復号化するための鍵（共通鍵）を安全に送るには困難がある。

　そこで考えられたのが，公開鍵暗号方式（public key cryptosystem）である。この方式では，公開鍵と秘密鍵の2種類の鍵を使用する。この2種類の鍵の特徴は，公開鍵で暗号化したものは秘密鍵でないと復号化できないということになる。

　では，送り手（S）が受け手（R）に情報を送る場合を考えよう。まず，SはRの公開鍵を入手する。Sはその公開鍵を使って暗号化する。Sはその暗号をRに送信する。Rは自分の秘密鍵を使って暗号を復号化する。つまり，公開鍵暗号方式は，「施錠する鍵と開錠する鍵を別にすること」で安全に情報を送信することができるのである。

④電子署名（digital signature）

　電子署名は，デジタル文書の正当性を保証するために付けられる署名情報である。文字や記号，マークなどを電子的に表現して署名行為を行うことの全般を指している。現実の世界で行われる署名の機能を電子的な世界にも応用したものであり，特に，公開鍵暗号方式を応用して，文書の作成者を証明し，かつその文書が改ざんされていないことを保証する署名方式のことを「デジタル署名」という。

⑤電子透かし（digital watermark）

　電子透かしは，マルチメディアのコンテンツの中に，密かに著作権情報を埋め込み，データの流通や利用権の有無などについて検査するための方式である。

⑥ファイアウォール（fire wall）

　ファイアウォールは，LAN などにおいて外部からの不正侵入を防ぐシステムである。インターネットとイントラネットの間に設置される。IP アドレスの識別によって特定のパケットだけを通過させる単純な方法から，Proxy サーバを用いる方法や非常に複雑な認証方式を利用したものまで様々な防御方法がとられている。

２．情報セキュリティポリシー

　情報セキュリティポリシーとは，組織が有する情報資産について，総合的・体系的かつ具体的にとりまとめた情報セキュリティ対策のことである。具体的には，組織が，どのような情報資産を，どのような脅威から，なぜ保護しなければならないのかを明らかにし，組織の情報セキュリティに対する取組み姿勢を示す「情報セキュリティ基本方針」と，基本方針を実現するために何をしなければいけないかを示すものとして，遵守すべき行為や判断などの基準となる「情報セキュリティ対策基準」からなる。

　なお，実際の情報セキュリティ対策においては，対策基準に定められたことを情報システムや日常の業務において，どのような手順に従って実行するかを示す「情報セキュリティ実施手順」など，整備を進める必要がある。

　その際，Plan（計画）→ Do（実行）→ Check（評価）→ Act（改善）の４段階を繰り返すことによって，業務を継続的に改善する手法（PDCA サイクル）によって進めることが重要とされる。そして，実際の情報セキュリティ対策における継続的な改善においては，①策定（基本方針，対策基準，実施手順の策定），②導入（関係資料を配布徹底し，物理的・人的・技術的な各側面において適切な措置を行う），③運用（システムの監視，ポリシーの遵守状況の確認，侵害時の対応策をとる），④評価・見直し（システムの監査，ポリシーの評価・見直しを行い改善する），を繰り返すことになる。

参考文献

(1)情報処理振興機構（IPA）　　http://www.ipa.go.jp/

問題

コンピュータウィルスについて調査し，その特徴と対策についてまとめよ。

第4章

情報メディア

－ 応用編 －

エピソード4

もはや，〇〇は？

　ソーシャルメディア社会は，デジタル社会と言えるだろう。このような社会では，従来にはない新しい変化がおきている。

　そこで，筆者は，授業の中で，(誇張して)，「もはや，新聞社は，新聞を売って儲けていない？」といったことがある。新聞社の仕事は，いうまでもなく，記事を集めて編集してできた新聞を売ることであるとし，そこで，(学生の)皆さんに，「新聞をとっていますか？」と尋ねると，実家から通っている人は，両親や家族で購読していると応えることもあるが，アパートなどで一人暮らしをしている人は，取っていないと応える人も多い。では次に，「新聞を読んでいますか？」と，更なる質問をすれば，ニュースはネットで見ている(読んでいる)と応える者が圧倒的に多く，新聞は読んでいないと応えるだけでなく，新聞は朝刊の配達まで待たないといけないため新しくないので，「新聞ではなく旧聞だ」という者もいた。新聞を印刷して各家庭に配達するというビジネスモデルは，もはや改善を要するものとなっている。

　つぎに，筆者は，「もはや，銀行はお金を貸して儲けていない？」と次の話題に進めた。この場合も同様に，「銀行の仕事は？」と切り出したが，私の学生時代には，都市銀行は10行程度もあったが，現在ではメガバンクと呼ばれるものは，3つ程度になっている。一方，日本長期信用銀行(長銀)　や日本債権信用銀行(日債銀)のように，長期信用銀行法に基づく銀行は既に消滅している。このような状況はいわゆる「バブル崩壊」の影響であるといえる。しかしながら，昨今の話題の一つに，「キャッシュレス決済」があり，金融に関わる新たなビジネスモデルが成立し注目されている。特に，〇〇ペイといったスマホ決済(或いは，バーコード決済)は，改正銀行法などの影響もあり，電子商取引が次の段階に入ったことを意味し，従来型の銀行としてのビジネスモデルにも大きな変化が到来している。

　さらに，「もはや，小売店は小売りで儲けていない？」と展開してデジタル社会の新しい流れについて言及している。ここでも，「小売店の仕事は？」から始まるが，昔は近所の街角に，酒屋さん，魚屋さん，八百屋さん，雑貨屋さん，本屋さんのように幾つもお店があったものだが，最近ではこのような小売店は激減し，チェーン店(コンビニ)と大型小売店に集約されてきている。中でも，百貨店の業態は心配の向きも多い。それは，通信販売(通販)，カタログ販売，ネットショップ／ネットオークション，e-コマース(電子商取引)，ECサイト／電子商店街などの進展により，実店舗で商品を確認して，ネットで購入するといったケースもあり，小売りの業界にも大きな変化が到来している。

　では，次に，「もはや情報教育は？」と言いたいところである。これについては，本書を読んでいただきたい。

4-1 デジタル環境論 -1-

社会の情報化とデジタル環境

1．Web2.0 からクラウドコンピューティングへ

　日本では，当時「ウェブ進化論」等の出版により，いわゆる Web2.0 に対する関心が高まったのである。Web2.0 という用語は，情報通信白書[1]において，「ユビキタスネットワークの新しい潮流」として紹介されたのを契機に，情報産業だけでなく，教育，報道などの各界においても注目されることになった。

　例えば，朝日新聞の "「Web2.0」って，わかりますか？"（朝日新聞，2006 年 10 年 14

> **Web2.0**
> 　2000 年代の中頃以降におけるインターネットや Web の新しい利用法のことで進んだ利用法を象徴的に意味するために使用された。すなわち，従来の利用法を仮にバージョン 1.0 とすれば，それより進んだ利用法なので Web2.0 と呼ばれたのである。したがって，ソフトウェア等にみられるように，具体的なバージョンアップではないことに注意する必要がある。

日夕刊）によれば，Web2.0 という言葉はよく使用されるようになったけれど，その意味や定義が曖昧であるため，「記者泣かせの言葉」になっていたり，また，一般市民にとっても理解を困難にさせていたりして，その本質が分かりにくいものとなっている点を取り上げている。また，"紋切り型 欲する情報社会"（朝日新聞，2006 年 9 年 5 日夕刊）によれば，「Web2.0」のほかに，「メディア化」，「国際化」のように日常的に使用される用語も定義がはっきりしない語（バズワード）として取り上げられ，用語概念の共通理解に際しても，情報通信社会の急激な変化に対応することの難しさを示している。

　もともと Web2.0 というコンセプトは，プログラマ向け書籍を出版するオライリーメディア（O'reilly Media）の CEO（Chief Executive Officer：最高経営責任者）であるティム・オライリー（Tim O'Reilly）氏が，新しいウェブサービスをテーマにしたカンファレンスを企画するために考えついたものとされるが[2]，これは，Web をプラットフォームとして位置づけることに特徴がある。このことにより，ネット社会に分散する多数の利用者は，OS（Operating System：オペレーティングシステム）やアプリケーション・ソフトウェア，端末装置の制約を受けることなく，ネットワークを介して結び付き，多様な知識を集結しつつ，様々な形態の協働（コラボレーション）を行うことが可能となり，このような協働システムを活用したビジネスやサービスが現実化している[3]。

このような潮流は，ICT（Information and Communication Technology：情報通信技術）の急速な発展を基盤として，種々の新しい発想や価値観，さらにはそれらを支える新しい仕組み等が創造されることにより，私たちの周辺にある多くの枠組みについて再構築を余儀なくされる状況を暗示している。その後，2009年初頭から始まった「クラウドコンピューティング」の衝撃

クラウドコンピューティング

　インターネットを積極的に活用したコンピュータの利用形態のこと。クラウドとは雲のことであり，ネットワークを雲に例えた表現であり，SaaS, PaaS, IaaS（または，HaaS）と呼ばれる3つのサービスで分類される場合が多い。

は，ビジネスや情報処理の専門分野にまで広がり，2009年12月，情報処理学会誌においても特集が組まれるに至ったのである。

　このような背景を受けて，2010年頃から学校教育の分野でも，教育におけるクラウドコンピューティングの利用（教育クラウド）が話題になってきた。筆者はこのような状況をとらえ，2010年を「**教育クラウド元年**」と位置付けたい（表1）。

表1．クラウドコンピューティングとその教育利用

年．月	関連書籍・情報の例
2009. 1	クラウド・コンピューティング（ウェブ2.0の先にくるもの）（西田宗千佳著），朝日新聞出版
2009. 2	クラウドの衝撃（城田真琴著），東洋経済新報社
2009. 3	クラウド～グーグルの次世代戦略で読み解く2015年のIT産業地図（小池良次著），インプレスR＆D
：	：
2009.10	今さら聞けないクラウドの常識・非常識（城田真琴著），洋泉社
2009.11	雲の世界の向こうをつかむクラウドの技術（丸山不二夫，首藤一幸編），アスキー・メディアワークス
2009.12	クラウドコンピューティング時代の大規模運用技術，情報処理（情報処理学会誌），Vol.50, No.12
2010年度	フューチャースクール推進事業（総務省，文部科学省）開始
2010. 6	「ICTを利活用した協働教育推進のための研究会」（総務省）が開催
：	：

　中央教育審議会答申「我が国の高等教育の将来像」（2005年1月）では，来たる知識基盤社会を「新しい知識・情報・技術が政治・経済・文化をはじめ社会のあらゆる領域での活動の基盤として飛躍的に重要性を増す社会」と定義し，その特質としては，

①知識には国境がなく，グローバル化が一層進む

②知識は日進月歩であり，競争と技術革新が絶え間なく生まれる

③知識の進展は旧来のパラダイムの転換を伴うことが多く，幅広い知識と柔軟な思考力に基づく判断が一層重要になる

④性別や年齢を問わず参画することが促進される

をあげている。このように，私たちを取り巻く生活環境は，クラウド型のデジタル環境へ進展した知識基盤社会（本書では，クラウド型知識基盤社会と呼ぶ。）となっている。一般にはまだ関心が高いとは言い難い状況であり，この点も新しい情報科教育を考察する上で一つの課題である。

２．デジタル環境論　〜デジタル環境が及ぼす影響

　社会の情報化は，新しいビジネスモデルを生み，今までにない経済活動に期待が高まるだけではなく，私たちの日常生活における種々の問題解決活動においても，大きな効果が期待されている。この潮流は，一歩進んだ情報通信環境としての Web2.0 から，クラウドコンピューティングに発展し，いわゆるユビキタス社会へと向かっている。

　このように私たちを取り巻く環境は，飛躍的に便利になるが，その反面，深刻な問題を惹起している。身近な例では，情報環境の急激な変化のため，ICT（Information and Communication Technology: 情報通信技術）を利用するための知識・技術を常に習得・更新し続けることは，仮に一部の人間には可能なことでも，一般には非常に困難な状況と言わざるを得ない。筆者は，私たちを取り巻く環境が，高度に情報化・複雑化することにより，その内容の本質的な理解が困難な状況になることを「環境のブラックボックス化」と呼んでいる(4)。

　しかし，もっと困難な問題が，私たち自身に内在しているのである。つまり，それは，「私たちの意識や認識・判断への影響に関する問題」である。現実世界はますます仮想化し，仮想世界はますます現実に迫る。私たちの周辺情報が，もはや「どの程度正しくて，どの程度妥当なものか」を判断することは，きわめて困難な状況になってしまったのである。また，このような現象は，種々の新しい発想や価値観，さらにはそれらを支える新しい仕組みまでも創り出し，私たちの周辺にある多くの枠組みが，再構築を余儀なくされる状況にある。私たちを取り巻く環境は，種々の複雑な問題を内在する環境へと急速に変化しているのである。筆者は，このような環境を，「デジタル環境」と呼び，これを基盤に構築される社会を「デジタル社会」と呼んでいる。デジタル環境は，未だ人類の経験したことの無い新しい環境であり，世界のどの人々にとっても初めての経験となるものである。

　このような世界に生きる私たちにとって大切なことは，「ICT の活用により如何にして，平和で，安全で，そして安心して，心豊かな生活を営むことができるか」ということであろう。そのためには，何気なく暮らしている日常においても，「本質に迫る」というアプローチを行い，私たちが自らの意識を客観的にモニタリングして，適切な判断ができるコンディションを整える必要がある。自己教育力も問題解決力もまずは，自己意識形成とその認識が前提であり，これが自分自身に内在する問題であるという理由である。

　情報教育調査研究協力者会議（文部省 1997）の第１次報告は，情報教育の目標を，①情報活用の実践力，②情報の科学的理解，③情報社会に参画する態度，の３つの観点にまとめているが，前述の「情報環境のブラックボックス化」の影響とその対応については，主に上述の①および②の観点に関係する。また，「私たちの意識や認識・判断への影

響に関する問題」は，③の観点に対応するもので，「社会生活の中で情報や情報技術が果たしている役割や及ぼしている影響」，「情報に対する責任」および「望ましい情報社会の創造」などが関係し，①から③を包括する「文理融合の情報学教育」は，本書の中心的テーマである「情報メディア教育」と共通する。

　第3章（情報メディア基礎編）では，デジタル環境を考察する視点として，情報の本質，3つの対概念（データと情報，アナログとデジタル，リアルとバーチャル），メディアやマルチメディア等を取り上げるとともに，情報安全と法（セキュリティ，個人情報と著作権）などについて紹介した。したがって重要なことは，人間の営みにより自然的環境から人工的環境への移行を生じ，これが原因となる影響として捉えることであり，これは，「情報メディアの特性が原因となる顕在的な影響」と「それぞれの本質理解で示されたことが原因となる潜在的な影響」に分けることができる。

　なお，「顕在的な影響」とは，（ア）デジタル環境を利用できないことによる影響と，（イ）デジタル環境の特質に起因する影響との2つに分けられる。前者は，デジタルディバイド（digital divide）と呼ばれるものがこれに相当するが，後者については，適切な名称がないので，デジタルインフルエンス（digital influence）と呼び(4)，①情報セキュリティに対する影響，②個人情報・プライバシーに対する影響，③教育活動に対する影響，④デジタル環境依存による生活スタイルや考え方・価値観の変化，⑤民主主義の考え方に対する影響，⑥職業・家庭生活環境への影響，⑦人間の生涯設計への影響，⑧人間の判断への影響，⑨人間の活力への影響，という9項目の影響としてまとめている。

　また，「潜在的な影響」とは，上述の影響のように，デジタル環境により直接的に引き起こされる諸問題の原因となる潜在的影響であり，事実の不確定化，思考活動の分断化などをあげることができる。詳細については，以降のユニットで述べる。

注. 本文中では，「デジタル」という表現に統一している。参考文献はその限りではない。

参考文献

(1)総務省（編）：平成18年度版情報通信白書，ぎょうせい，2006.
(2)神田敏晶：Web2.0でビジネスが変わる，ソフトバンク新書，2006.
(3)梅田望夫：ウェブ進化論，ちくま新書，2006.
(4)松原伸一：ディジタル環境論〜ディジタル環境が及ぼす人間生活への影響，ナカニシヤ出版，2004.

問題
ネットワークを利用した最新技術について調べ，それが教育におけるICT活用について，どのような利用が可能かについて考察せよ。

4-2 デジタル環境論 -2-
顕在的な影響

（1）デジタルデバイド（digital divide）

　デジタルデバイドとは，それぞれの対象間において，情報手段により活用できる情報量に差が生じることをいう。したがって，簡単にいえば，インターネットやパソコン等のICTを利用できる者とそうでない者との間に生じる情報格差である。

　また，対象に格差の生じる要因としては，国・地域・都市規模などの地理的要因，年齢・性などの身体的要因，学歴・職歴などの履歴的要因，財産・年収などの経済的要因，ICTに関する教養（知識）・技術などの教育的要因，など多くの種類が考えられる。他にも，情報格差の生じる側面として，情報手段の格差，通信手段の格差，情報資源の格差を取り上げることもできる。いずれの場合でも，活用できる情報量に差が生じることが問題であり，デジタル環境を利用できないことによる影響として分類できる。

（2）デジタルインフルエンス（digital influence）

　筆者は，「デジタル環境の特質に起因する影響」をデジタルインフルエンスと定義している[1]。本書では，その定義をもとに一部修正を加えて，表1に示す9項目の影響としてまとめている。

表1．デジタルインフルエンス（digital influence）

	影　響	具　体　例
①	情報セキュリティに対する影響	・コンピュータウィルスによる被害の拡大とセキュリティのための投資の増大 ・サイバーテロによるシステムへの影響と利便性とのトレードオフ
②	個人情報・プライバシーに対する影響	・個人情報の流出による様々な影響 ・監視社会といわれるように，安全管理とのトレードオフ
③	教育活動に対する影響	・e-Learning／WBL といった教育環境の変化と質的・量的な負担の増大 ・デジタル教育の必要性とともに，教育内容の増大
④	デジタル環境依存による生活スタイルや考え方・価値観への影響	・携帯電話やインターネットからの頻繁なインタラプトによる影響 ・孤独感と連帯感への影響
⑤	民主主義の考え方に対する影響	・間接民主主義から直接民主主義への移行 ・民主的プロセスのあり方に対する考え方への影響
⑥	職業・家庭生活環境への影響	・時間的制約・空間的制約の解消によって生じる両環境の多重化による影響 ・職業人／家庭人としてのボーダレス化によるストレスへの影響
⑦	人間の生涯設計への影響	・静的設計から動的設計への移行 ・人生目標の多焦点化
⑧	人間の判断への影響	・仮想と現実の相互接近による影響 ・情報の量（多量の情報）と質（情報の信憑性・信頼性）が判断に及ぼす影響
⑨	人間の活力への影響	・自らが活動して情報を生成するという活力への影響 ・仮想世界と現実世界で発揮する活力のバランスへの影響

①情報セキュリティに対する影響

　コンピュータウィルスによる被害の拡大とセキュリティのための投資の増大，サイバーテロによるシステムへの影響と利便性とのトレードオフをあげることができる。情報セキュリティの問題は，限りなく専門的な点が多く，一般にはわかりにくいことが，各種の場面で新たな問題を引き起こす遠因ともなっている。情報セキュリティを限りなく強化するには，莫大な時間と費用がかかる。完全な情報セキュリティの実現は不可能であることから，コストと効果という２つの優先事項の間での折り合いが求められる。この折り合いを求めて，私たち人間は今後，常に配慮し続けなければならない。日常生活を営む私たちにとって，これは大きな過負荷となる。

②個人情報・プライバシーに対する影響

　個人情報の流出による様々な影響や，安全管理のための監視システムが個人情報の保護との間に生じるトレードオフを挙げることができる。個人情報がデジタル化されれば，集中システムや分散システムの如何に関らず，大量の情報を取り扱うことが可能であり，情報がある限り常に流出の危険性を保持し続けている。そしてこれらの情報が一度流出すれば，複製の手続きを経て拡散するため，これらの全ての情報を取り戻したり，消去したりすることはきわめて困難であるといえる。個人情報は，流出することだけでも問題であるが，流出した情報が悪用されるかもしれないという危険性を懸念し続けなければならないし，また，その流出を知らない者にとっては，突然の被害を受けることになったり，自分のことを他人に語られ種々の被害が在るにもかかわらず，それが個人情報の流出によるものと認識できない場合もある。いずれにしても，流出という事実が発生すれば，その時点から，終わりの無い心配や危険性が生じることになる。また，最近では，凶悪な犯罪や治安の悪化を受けて，安全管理のための各種の監視システムが設置される傾向にあるが，これは，安全管理を優先するか，それとも個人情報保護の徹底を優先するかという人間の価値観を問う問題にまで発展してきている。

③教育活動に対する影響

　教育の情報化が進むにつれて，e-Learning／WBLといった教育環境の変化と質的・量的な負担の増大，デジタル教育の必要性とともに，教育内容の増大を挙げることができる。教育現場では，古くから黒板とチョークが教師の使用する代表的な提示装置である。これは今でも変わることがなく，広く簡便に使用されている。今までにも，映画，ラジオ，テレビ，ビデオ，OHPなどのような視聴覚機器が利用されて来た。これらは，一定の効果が期待され，視覚や聴覚などに働きかける情報伝達は今でも有効な考え方となっている。社会の情報化にともない，教育の世界でもコンピュータが導入され，多くの場面で利用されている。これは，従来の視聴覚機器としての側面だけでなく，自らが学ぶ対象として位置付けることが重要である。すなわち，コンピュータに代表される情報機器は，黒板に代わる情報提示装置としての側面，コンピュータの仕組みや働きという学

ぶ対象としての側面，情報機器を道具として上手に使いこなすという情報リテラシーの側面，などがある。すなわち，教育活動への影響とは，教育環境の変化とこれに伴う教育関係者への質的・量的な過負荷となる影響，デジタル教育の必要性に応じた教育内容の増大による学習者への過負荷となる影響が問題である。

④デジタル環境依存による生活スタイルや考え方・価値観への影響

　携帯電話やインターネットからの頻繁なインタラプトによる影響，孤独感と連帯感への影響を挙げることができる。頻繁にメールが到着したり，電話がかかってきたりして，携帯電話やインターネットなど多くのメディアからの常にインタラプトがある。これは，一時的な孤独感の解消など多くの効用も期待できるが，その一方で，本質的な解決や思考を妨げる危険性がある。常にインタラプトがある者にとっては，時間的に途切れることなく本を読んだり考えたり文章を書いたりすることができなくなり，思考を含む継続的な活動が困難になり，結果として，簡単な問題は解決できても，複雑で難解な問題を解決するという姿勢が失われる危険性がある。あるいは十分な時間を確保できないため，結果や解答を他者に求めるという傾向を生じ，その結果，メディアが発する情報に依存することとなる。自らが自らの価値観で判断するという姿勢が希薄になる恐れがある。

⑤民主主義の考え方に対する影響

　間接から直接的な民主主義への移行，民主的プロセスのあり方に対する考え方への影響を挙げることができる。デジタル環境の進展により，個人が意見を発信することが容易になっている。例えば，インターネットが変えた意思決定のプロセスとして，次のような特徴が取り上げられる。意思決定過程は，従来，いろいろな通信メディアが登場しつつも，伝統的な社会の慣例の中で，会議等にて大切なことは会って話さなければならないとされていた。インターネットが使われた初期の頃は，意思決定の前にいろいろな作業を電子メールなどで行い，最終的なところは，皆で会って決めるということで効率化が考えられていた。しかし，最近では，これとは反対に，「作業は顔を合わせて行うが，大事な意思決定は，集まってする会議ではしてはいけない」とするルールを作る組織もある。これは，完全に全員が意思を表明できる場が，顔を合わせる会議からインターネットへと移行した結果によるものである。このように意思決定に際して，インターネットが既に機能し始めているといえる。一人ひとりの意見を集約したり，政策を決定したりするのに，果たして従来の方式で良いかという問いかけは今後加速することだろう。

⑥職業・家庭生活環境への影響

　時間的・空間的な制約の解消によって生じる両環境の多重化による影響，職業人／家庭人としてのボーダレス化によるストレスへの影響を挙げることができる。インターネットを活用することにより，自宅で仕事を行うものが増大している。これは，通勤ラッシュなどの社会問題を軽減させ，また，会社の人件コスト（通勤費など）を軽減させるなど多くの利点もあるが，その一方で，職業生活と家庭生活の環境が互いに重なること

により仕事の質や家庭生活の質が変化する。今後は自宅で仕事をする人の数が今までより格段に多くなることで，職場と家庭のボーダレス化により，仕事から完全に切り離せる環境にないことでストレスの解消が困難となるだろう。

⑦人間の生涯設計への影響

静的設計から動的設計への移行，人生目標の多焦点化を挙げることができる。人生の生涯設計において，今までは，ある程度の期間をかけて決めたことを，ある程度の期間をかけて実践するというものであったが，今後は，コンピュータ支援により，最新の情報を入手し，現状を分析することで動的な設計が可能になる。このことは，時間を十分かけて実践するという考え方とは異なり，自らの現状や社会的状況を常に考慮に入れる傾向を生じ，結果として，複数の目標を生み，より複雑な人間関係を生じることとなる。

⑧人間の判断への影響

仮想と現実の相互接近による影響，情報の量（多量の情報）と質（情報の信憑性・信頼性）が判断に及ぼす影響を挙げることができる。この点は，人間の判断がメディアからの情報によるものとすれば，情報そのものがもつ仮想という特性により，私たちは，常に仮想と現実が重なった状況に位置付けられているといえる。すなわち，私たちが行う判断は，どのような影響下にあり，また，どのような問題があるのかを考慮しながら行わなければならず，これ自体，大変困難なことでもある。いずれにしても，今後の社会では，個人における判断，集団における判断，機関における判断など，多くの場面において結局，人間の判断が必要であり，私たちの重要な課題となっている。

⑨人間の活力への影響

自らが活動して情報を生成するという活力への影響，仮想世界と現実世界で発揮する活力のバランスへの影響を挙げることができる。人間は活力をもって元気に生きたいものである。そのための活力は何処から生まれるものなのか。これは，これまでに記述した種々の項目が影響するものであるが，実際に体を動かして体験する「リアル体験」とメディアを利用した「バーチャル経験」をどのように調和させるかということになる。デジタル社会においても活力ある人間生活を営むためには，私たちの積極的な意識の関与が必須であり，そのために我々は何を成すかということが重要である。

参考文献

(1)松原伸一：ディジタル環境論〜ディジタル環境が及ぼす人間生活への影響，ナカニシヤ出版，2004.

|問題|

このユニットで取り上げた影響の中から，1つを取り上げ，具体例を考えるとともにその影響を回避するための対策について考察せよ。

4-3 デジタル環境論 -3-

潜在的な影響

潜在的な影響とは，顕在的な影響の背景となるものである。ここでは，そのいくつか
を取り上げて考察を行う。

（1）事実の不確定化

情報の信憑性・信頼性の問題は，私たちの判断に影響を与えるものとなる。1つの事
実は，多種・多様なメディアを通じて，多数の事実に作り変えられている。McLuhan の
いうように，「メディアはメッセージである」という言説は，このことを示している。そ
して，その情報発信をするメディアは，従来ならば，いわゆるマスメディアや報道メ
ディアと呼ばれるものであり，ある程度の資金力や設備も持って，許可を得たものが行う
といった形態を取っていた。しかし，インターネットの普及，ブロードバンドの進展に
より，個人レベルでも，インターネットを利用して，不特定多数に向けて情報を発信す
ることが容易になり，情報発信をするメディアも急増の一途をたどっている。このこと
が，また，メディアを多数生み出すことになり，ますます，多数の事実が生まれること
につながっていくのである。事実は1つであるということは正しいかもしれないが，メ
ディアからの情報を受けて判断せざるを得ない以上，事実上，複数の事実が存在すると
認識されるのである。したがって，実質上多数ある事実の中で生活する私たちにとって
は，「事実の不確定化」の現象と捉えることができる。

（2）思考活動の分断化

1971 年に世界初のマイクロプロセッサといわれる Intel 4004 が開発され，その動作
周波数は 108KHz であったという。また，2000 年に発売された Pentium 4 は改良が進
み，2002 年頃には 3GHz を超えるものも開発されるに至った。現在では，並列処理を意
識して動作周波数だけでなく，プロセッサコアの数も増大させたマルチコアプロセッサ
が注目されている。今，仮に，動作周波数の向上に力を注いだ 30 年間（1971 年から 2002
年頃まで）に着目して両者を比較すれば，動作周波数は，30 年程度の間に 3 万倍の速さ
になり，それだけプログラムは高速になったといえる。

一方，この間における人間の脳の情報処理能力は，ほとんど変わっていないのである。
人間の思考や判断は，ある一定以上の時間を費やすことにより成立する。しかし，デジ
タル環境においては，この思考活動を何度も中断させる状況（「思考活動への割込み」と
呼ぶ）が発生する。このことは，「昨今では落ち着いて考える時間的余裕がなくなった」

といわれることに象徴している。

　人は孤立を嫌い，その孤立を自覚したくないがために，他者との関係を維持しようとする。しかし，それは，ある一定の距離をおいているため，希薄で継続的な関係でもある。したがって，思考活動は，常に誰かからの（何かからの）割込みを受け，しかも，それを必要としている。メディアからの割込みを積極的に受け入れるような性向は，思考活動がますます分断されることに繋がるのである。

　ここで，メディアとの関係でみれば，①テレビを視聴してもしなくてもとりあえずテレビがついている状態，②携帯メールや e-mail の送受信できる環境，③どこでもゲームができる環境，④情報端末により，出張先のホテルでも，車中でも，新幹線の中でも，ネットワークに繋がっているため，いつでもネットワークを利用できる環境，などが挙げられる。このようなデジタル環境では，いつでも・どこでも・だれでもネットワークに接続された情報端末により，高度な情報サービスを受けることができるが，これを裏返せば，いつでも・どこでも・だれもが割込み（interrupt）を受ける状況にあるといえる。したがって，十分に判断する時間や余裕もないままに，誰かが作った結論や結果に頼ってしまうことになり，結局，画一化に弾みがかかることになる。

（3）デジタル環境の超パノプティコン（panopticon）化

　デジタル環境においては，ネットワークを通して，特定の人が，今，どこにいて，何をしているかを知られる危険性もあり，全世界的な監視社会の始まりという問題も提起されている。また，ECHERON（エシュロン）というコードネームで呼ばれる国際的な盗聴ネットワークの存在がクローズアップされたのは，1998 年欧州議会に提出されたある報告書がきっかけだったという[1]。また，電脳ユートピアンの議論として，市民がそれぞれパソコンをもつだけでなく，互いにインターネットに結ばれることで，地球規模の連帯が生まれることになるというが，一方で，例えば，エシュロンという巨大な通信傍受システムによって世界中の電子メールが監視されているというのである[2]。この点だけでもインターネットの二面性（光と影）が浮き彫りになっている。

　また，安全のための監視カメラは街角に設置され，しかも，その数が激増しているという（Asahi Shimbun Weekly AERA 2003.8.4, pp.32-34）。これは，その立場や状況が異なれば，プライバシーの問題となる。また，Ｎシステムのように，道路に設置され，自動車のナンバーを自動的に読み取る装置においても，デジタル化され知能とつながり，いわゆる個人情報が自動的に収集される危険性が指摘されている。さらに，最近では，ネットワークを利用してカメラ以外の端末やセンサーから個人情報を収集することも可能となっている。安全のための監視をどこまで許すのか。あるいは，監視なくして安全を保つことができないのか。まさに，安全と監視はトレード・オフの関係にある。

　上記のように，監視するシステムの数は増大の一途であるが，デジタル環境では，そ

れが本来監視目的ではないシステムでも，結果として監視的機能が作動し強化される点を強調したい。すなわち，デジタル環境では，いわゆる，いつでもどこでも誰でもが利用できるコンピュータ・ネットワーク環境を意味するが，この状態は，裏返してみれば，いつでもどこでも誰でもが，ネットワークからのアクセスを受けることを意味し，結果として監視状態にあることを認識せざるを得ない。

　このような状況は，デジタル環境の超パノプティコン化といわれる。パノプティコン（panopticon）とは，一望監視装置のことであり，Jeremy Bentham が最も効率の良い刑務所として構想し議会に提案したものの，実現はしなかったとされる。

　パノプティコンの特徴は，中央の監視室から同時に囚人全員を監視できるという集中監視のできる設備で，囚人からは監視者の姿を見ることができないという点が特徴である。そこで，Foucault は，囚人が「見られている」ことを持続的に自覚させる状態を作り出すところに特徴を見出している。すなわち，中央監視室にいるものが，たとえ女性や子供であっても，場合によっては，誰もいなくても問題ではなく，監視されていることを意識させることであり（意識化・内面化），その結果，囚人が自発的に監視されてしまうという状況を作り出すのである[3]。デジタル環境がこのようなパノプティコンにならないという保証は何もないのである。むしろ，デジタル環境では，時間的・空間的に今までにない程の大規模に及ぶ監視が可能となり，超パノプティコンとして機能する日も間近ではないかと懸念される。

（4）エントロピー（entropy）の増大化

　Shannon の論文[4]によれば，"6. Choice, Uncertainty and Entropy" において，「H の式は，統計力学の定式により定義されたエントロピーの式と同形として認識されるだろう。・・・（中略）・・・ここで，H は，たとえば，Boltzmann の有名な H 定理における H である。我々は，$H=\sum p_i \log p_i$ を確率 $p_1, \cdots, p_n$ の集合のエントロピーと呼ぼう。」と述べ，確率で定義される $\sum p_i \log p_i$ が，統計力学における Boltzmann の H と同形であることを理由に，情報理論でもエントロピー（entropy）という表現を使用することを提案している。このように，Shannon により定義された（情報理論における）エントロピーは，統計力学や熱力学におけるエントロピーとは本質的に異なるものであるが，Shannon 自身も述べているように，不確定度（uncertainty）とエントロピー（entropy）とを関連付けている。

　例えば，Rifkin[5]は，「宇宙における全エネルギーの総和は一定で，全エントロピーは絶えず増大する」と表現し，そのうち，「宇宙における全エネルギーは一定」というのは，熱力学の第1法則で，エネルギー保存の法則とも言われる。つまり，エネルギーは新しく生じたり，また，消滅したりすることは無く，ある形態から別の形態に変化する（エネルギー変換）だけであるというのである。次の「全エントロピーは絶えず増大する」と

いうのは，熱力学の第2法則といわれる。エネルギーがある形態から別の形態に変化する際に，将来何らかの仕事を行うのに必要な使用可能なエネルギーが損失することを意味し，このように，もはや仕事に使用することのできないエネルギー量の度合いがエントロピーなのである。したがって，エントロピーが増大するということは，使用できないエネルギーが増えるということを意味している。

一方，情報理論におけるエントロピーも熱力学の第2法則と同様に，「社会現象のエントロピーは増大する」という考え方（エントロピー最大化原理）を基盤に，各種の現象を解明する方法として，エントロピーモデル[6]がある。これは，確率密度関数を未知とする一種の連立方程式であり，エントロピーが最大であるという条件を利用して，この解を求めることで確率密度関数を決定することができる。

情報理論におけるエントロピーは，無秩序性あるいは曖昧さの程度を測る尺度であり，「すべての確率系は，ある制約のもとでエントロピーが最大になったところで，平衡状態になる」として捉えられる。人間の営みは，「エントロピーを減少させること」により価値を生み出すものであり，その為には，エネルギーが必要である。最近では，インターネットなどの情報通信技術の進展により，データや情報は瞬時に広範囲に伝播し，画一化により進行するという懸念もある。局所的に存在していた情報も，デジタル化されることにより，世界中への浸透は，前述の通り，エントロピーの増大といえる。さらにこの現象は，以前に増して加速し広範囲に及ぶものであり，デジタル社会を象徴するものでもあり，エントロピーの増大化という表現があてはまる現象といえる。

参考文献

(1)小倉利丸（編）：監視社会とプライバシー，インパクト出版会，2001.

(2)西垣通：ＩＴ革命，岩波書店，2001.

(3)Foucault, M.(田村俶訳)：Discipline and Punish: The Birth of the Prison（監獄の誕生－監視と処罰），新潮社，1977.

(4)Shannon, C. E.: A Mathematical Theory of Communication, Bell System Tech. J., Vol. 27, pp. 379- 423, 623-656, 1948.

(5)Rifkin, Jeremy: Entropy, Foundation on Economic Trends, 1980.

(6)国沢清典：エントロピーモデル，日科技連，1975.

問題

デジタル化が進むにつれて，私たちの生活が便利になる一方で，多くの問題が発生している。その問題を調査し，まとめて報告せよ。

4-4 メディア論 -1-
メディアの技術決定論

　メディア論とは，簡単にいえば，「メディアとは何か」という問いに答える様々な考え方（理論）の総称といえる。そのベースとなる学問領域は，恐らく，哲学，社会学，工学，…などの多様な分野となるが，ここでは，情報学としての位置づけを強調したい。ところで，メディアの技術決定論とは，技術以外の立場からの批判的な表現といえる。したがって，この表現を技術者自らが積極的に使用する必要はない。

（1）Fiske によるメディアの種類

　Fiske[1]によれば，「The medium is basically the technical or physical means of converting the message into a signal capable of being transmitted along the channel. （メディアとは，基本的には，信号を通信路に送出することで，メッセージを運ぶ技術的・機械的な手段である。）」と述べ，メディアを，①直接表現メディア（presentational media），②代行表現メディア（representational media），③機械表現メディア（mechanical media）の3つのカテゴリに分けることができるとしている。ここで，①は，カテゴリ1に分類され，声(the voice)，表情（the face），身振り（the body）で，これらは，話し言葉の自然言語，表情，ジェスチャなどを使用して行うものと定義している。②は，書籍（books），絵画（paintings），写真（photographs），著作（writings），建築（architecture），室内装飾（interior decorating），ガーデニング（gardening）などで，文化的で美術的な手段を使用するメディアであるとしている。③は，電話（telephones），ラジオ（radio），テレビ（television），テレックス（telexes）で，これらは，前述のカテゴリ1とカテゴリ2の送信機となるという。

　この Fiske の分類は，メディアをその送出する情報の形態という観点から共時的にながめたものとして捉え，このアプローチだけでもさまざまな研究方法が可能であり，また，同様に通時的な観点に立った時でも，幾通りもの書き方があることが指摘される[2]。この定義は，発信者の行動出力からみたメディア分類と位置づけられる。そして，カテゴリ1とはチャンネル（通信路）が空間であって，発信者の行動が直接メッセージとなるような場合であり，カテゴリ2はメッセージを非機械的に置き換えたもの，カテゴリ3は機械によって代行された場合で，メディアを発展段階で捉えられる。

　いずれにしても，Fiske によるメディアの分類は，送出される形態により定義されるものであり，注目すべき点は，コミュニケーション過程で伝達される内容を運ぶ手段を意味するということであり，筆者による「メディアの導管論」に対応する。

（2）ITU（国際電気通信連合）によるメディアの種類

ITU（国際電気通信連合）によるメディアの種類は，①知覚メディア，②入出力メディア，③表現メディア，④相互交換メディアの4つである。

①は人間が知覚するメディアで，文字，音声，画像，映像を示し，②は人間が直接接する電子化された物理的メディアで，ディスプレイ，スピーカー，キーボードなどを示し，③は文字，音声，画像，映像などのメディアを電子的に符号化し表現したメディアで，ASCIIコードで表現された文字，MPEGで表現された動画像などを示し，④は通信回線などの伝送メディアとディスクなどの蓄積メディアを示す。

この分類は，電子的なコミュニケーションを前提とした分類であり，「書籍は入力メディアであるとともに，相互交換メディアでもある」のように，非電子的なメディアにも拡張することが可能である(3)。情報工学・通信工学などの分野では，メディアをデータや情報を記録・保存したり，伝達したりする手段としてとらえるのが主流である。

（3）経済企画庁総合計画局情報化研究会によるメディア

経済企画庁総合計画局情報化研究会(4)は，メディアに関係して「新情報論」という報告書を発行している。この報告書では，「メディア」は伝える手法であり，「メッセージ」は伝えられる意味内容としている（**図1**）。

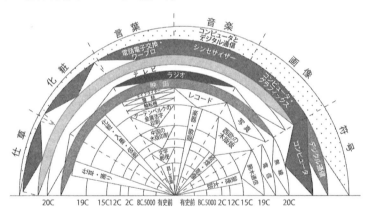

図1．情報メディアの系譜と情報技術革新の歩み
≪経済企画庁総合計画局編「新情報論」p.39から引用≫

そして，これらが一体となってコミュニケートされ共有されることによって，さまざまな「組織」と「関係」を支え，媒介する「社会神経系」を形成するという。したがって，「メディア」と「メッセージ」は一体不可分のものであるが，同じ「メッセージ」であっても種々の中から特定の「メディア」を選択することもできる。私たちは，「メディア」を使い分けることによって異なった「組織」と「関係」を構成し，「メディア」の特

性に応じて多様な「メッセージ」空間を作り出すことができるという。さらに，このような「メッセージ」の創造と理解，「メディア」の選択，「組織」と「関係」の識別は，すべて我々の大脳によって行われていることから，「メディア」を人間にとっての「外部神経系」とみなすこともできるとしている。「社会神経系」の巨大な網の目の無数の結節点に個々の人間が存在し，この「社会神経系」の一部を「外部神経系」に取り込んで個体を維持している社会・情報・人間の構図を描くことができるという。「仕草」，「化粧」，「言葉」，「音楽」，「画像」，「符号」といった，肉体と自然が直接結びついた「原情報メディア」に加えて，種々の「メディア」を技術化しているのである。**図1**は，情報メディアの系譜と情報通信技術の歩みを示すものである。

（4）McLuhan によるメディア論

　McLuhan は，26 にも及ぶメディアの例（**表1**）を示している[5]が，見方・考え方により何でもメディアになり得ることを示唆している。

　そこで，彼の見方・考え方は何かという点が問題となり，これこそが，McLuhan のメディア論と呼ばれる中心的概念に位置付くものと筆者は考えている。すなわち，その一つは，無文字社会と文字社会という文化史の時代区分を前提とした考察で，人類の文化史を，口頭文化，書字文

> Marshall McLuhan（1911.7.21-1980.12.31，カナダ・トロント大学教授を経て同大の文化技術センター所長を歴任）は，当初，修辞学を専門とする英文学者であったが，米国の大衆文化を研究したのを契機に，電子メディアの登場が従来の活字人間の思考形態や社会全体をいかに変化させるかについて考察・研究している。そして，1960年代において「グーテンベルクの銀河系」，「メディア論」などを出版している。日本では，1967年に「マクルーハン旋風」が起こったが，これは，日本の著名な評論家が取り上げたことに起因するといわれる。当時は，「メディアはメッセージである」という表現が流行したが，その後，長い期間を経て彼の理論が再び注目されている。

化，活字文化，電気文化の時代に区分し，無文字社会の特徴を分析して，「聴覚的」であるとし，文字以降の社会は「視覚的」であると対置する。つまり，聴覚は空間のどの部分からも信号を受け取ることができるために，立体的・空間的である。他方，文字以降，特に活字文化の社会では，視覚が優位となり，人間の「感覚比率」が変化することにより人間の世界認識のありようも変化して，人間同士の関係も変わるという考え方である。電気時代のメディアの影響により，口頭文化の時代にあったような共同体が地球規模で再現するのではないかとしている。これが，いわゆる「地球村」論である。各時代の技術を人間の感覚の「外化」として捉え，印刷文字やテレビなども人間の感覚器官の拡張であるとみるものであり，さらに，「メディアはメッセージである」という言説は有名である。これは，メッセージの内容にかかわらず，受信者の接するメディア自身が受信者にとって意味を持つというものであり，メディアは器であり内容にはなり得ないとする，いわゆる「媒体論」とは異なる。McLuhan は，メディアを受信者の立場に立脚している点，メッセージの受信に際して脳神経系に着目している点，情報の「入れ物」としてのメディア自体に受信者は価値を見出そうとするというメディアを記号論的に解釈する点，などが特徴的である[6]。

表1．McLuhanによる26のメディア

No.	メディアの例	簡単な注釈
1	話されることば	声の調子，身振りなどで反応
2	書かれたことば	均質で柔軟な環境を生みだした文字文化
3	道路と紙のルート	道路と書かれた言葉の関係
4	数	数の表現力
5	衣服	皮膚の拡張で体温とエネルギーを蓄え伝える
6	住宅	家族または集団にとっての衣服に相当
7	貨幣	労働と経験の貯蔵庫，変換者・伝達者
8	時計	時を告げるもの
9	印刷	情報を伝える手段
10	漫画	主に視覚的情報で表現（風刺）
11	印刷されたことば	印刷された活字
12	車輪，自転車，飛行機	輸送範囲・人間の行動範囲などの拡大
13	写真	視覚的描写
14	新聞	作られたニュース，行為と作為
15	自動車	人と人とを結びつけると同時に隔てているすべての空間を模様替えしたもの
16	広告	潜在意識に対して催眠効果を及ぼすもの
17	ゲーム	社会の拡張，コミュニケーションのメディア
18	電信	即時的情報を広い範囲に行きわたらせるもの
19	タイプライタ	ものを書く道具
20	電話	時と所をわきまえない侵入者
21	蓄音機	壁を持たない音楽ホール
22	映画	膨大な映像情報を蓄えかつ伝達するもの
23	ラジオ	情報のスピードアップを引き起こすもの
24	テレビ	心理的影響が大きい映像情報
25	兵器	心理的・社会的に断片化の力を行使するもの
26	オートメーション	全てのオートメーションに共通する特性をもつコンピュータが該当

参考文献

(1)Fiske, John : Introduction to Communication Studies, Methuen, 1982.

(2)渡辺武達：第1章　メディア学とは何か，岡満男・山口功二・渡辺武達編「メディア学の現在」（改訂版），世界思想社，pp.2-22，1999.

(3)久保正敏：マルチメディア時代の起点，日本放送出版協会，1996.

(4)経済企画庁総合計画局情報化研究会：新情報論～組織・関係・情報の新たな展開～，大蔵省印刷局，1985.

(5)McLuhan, Marshall : UNDERSTANDING MEDIA - The Extension of Man, McGraw-Hill Book Company, 1964.／McLuhan, Marshall（栗原豊，河本仲聖訳）メディア論　人間の拡張の諸相，みすず書房，1987.

(6)松原伸一：ディジタル環境論～ディジタル環境が人間生活に及ぼす影響，ナカニシヤ出版，2004.

[問題]

マクルーハンのメディア論について詳しく調べ，その特徴をまとめよ。

4-5 メディア論 -2-

メディアの社会決定論とメディアリテラシー

1. メディアの社会決定論

　正村[(1)]によれば，McLuhan が取り上げたメディアは，記号の乗り物となる物質的形式を指し，また，Shannon が定義した情報量は，一切の意味内容を捨象した非意味的な概念であったという。そのため，メディア論には，「メディアという物質的・技術的な形式によって社会を把握する技術決定論ではないか」という批判が浴びせられ，情報(科)学には，「非意味的な情報概念を使って社会を分析できるか」という疑問が投げかけられたという。しかし，上記の批判は一定の妥当性を持っているとしても，記号論，メディア論，情報科学は相互に緊張をもちながらも意外な接点をもっているという。その意外な接点とは，形而上学との親和性であるとしている。その理由は以下のとおりである。「情報」概念は，20 世紀に入って確立されたが，「インフォーメーション」という言葉は，ラテン語の「インフォルマチオ（informatio）」に由来する。この言葉を，アウグスティヌスやトマス・アクウィナスは「魂の形成」といった文脈の中で用いたという。「インフォルマチオ」の中核をなす「フォルマ（forma）」は「形」を意味し，アリストテレスのいう「形相（eidos）」に相当する。事物の本質を規定する「形相」と事物の材料となる「質料」の結合体として事物を捉えたとき，形相と質料は，アリストテレス哲学の中心概念「エネルゲイア（energeia）」における現実態（働きを実現しているもの）と可能態（潜在的なもの）に相当し，限定するものと限定されるものの関係にある。「インフォルマチオ」は，魂に形相が刻印されることによって，魂が形成されることを表現している。ここで，魂に形相を刻印する働きは，意味に担われているが，その意味作用の核心は，不確実なものの中から特定のものを選び出す選択的な働きにある。一方，「情報量」は，諸々の選択肢の中から特定の選択肢が選び出されたときに生ずる不確実性の減少の度合いを表している。つまり，選択肢の意味内容が捨象されているとはいえ，不確定な状態が選択的な働きを通して確定された状態へ移行するという発想がみられる。

　以上のことから，有意的概念である「インフォルマチオ」と非意味的概念である「情報量」は，その核心部分において繋がっている。情報の本質を不確実性の減少に求めた情報科学の考え方は，現実的なものが可能的なものに対する選択に基づくことを示した形而上学において先取りされていたとみることもできる。このことが，情報科学と形而上学の意外な親和性を示すものである。

113

コミュニケーションは，メディアなしではその機能を果たすことができない。したがって，情報の意味伝達を論じるには，メディアの議論が不可欠であるが，ここでいうメディアとは，通常のメディア概念を遥かに越えた，より広い概念であるという。理論社会学者 N. Lumann の理論を踏まえると，メディアとは，「コミュニケーションを秩序付け，素材をフォルムにまとめあげるもの」と捉えられるのである。そして，その具体的なメディアとしては，テレビや電話などを経由してメッセージが伝達される「伝播メディア」，継続的に生成されるコミュニケーション同士の意味的つながりをあたえる「連辞的メディア」，コミュニケーション生成にあたって用立てられる意味的ストックとしての「範列的メディア」などが含まれるという(2)。

　水越(3),(4)によれば，エレクトリック・メディアの歴史社会的展開を通して，メディアの在り方が，電気技術の進歩によって一方的に規定されるわけではないということを明らかにしている。エレクトリック・メディアは，電気技術を核としながらも，身体や社会との複雑で多層的な相関の中で，社会的に生成されてきたと考える。このようなメディアの把握のしかたを，ソシオ・メディア論としている。そして，このソシオ・メディア論は，メディアの技術決定論の意義を限定的にしか認めないとしている。情報技術はメディア変容を，さらには社会変容を引き起こす重要な因子であり，その情報技術自体も社会の網の目に組み込まれる形で存在している。ソシオ・メディア論を有効なものにするための枠組みとして，①メディアは社会的に生成される，②メディアは多元的な実体性を帯びて社会に存在している，の２つを提示している。

2．メディアリテラシーの概念

　最近，情報教育の分野で，「メディアリテラシー」という言葉が，頻繁に使用されるようになってきている。この言葉は，教育工学の分野では，以前から使用されていたもので，言葉自体に新しさを感じる訳ではないが，以前に比べて，最近のものは少し意味が異なってきているようである。このように，メディアリテラシーには，「教育工学の流れ」を汲むもの以外に，世界各地で注目されている「マスメディア批判の流れ」，情報産業市場の需要の拡大に関心が向けられる「情報産業の流れ」などがある。

　本来，リテラシー（literacy）という言葉は，「読み書きの能力，またはその能力のあること」を意味し，「識字能力」と訳される場合もある。

　また，リテラシーという語のつく言葉としては，コンピュータリテラシー，情報リテラシーなどがある。情報教育元年と言われた頃（昭和60年頃すなわち1985年頃をさすと考えて良いが）から，次第に，このような言葉が好んで使用されるようになったのである。いずれも，その概念には曖昧なところが多く，厳密には定義しがたいが，概ね，「○

○リテラシー」といえば，「その○○が活用できる能力」のことを表している。

　さらに，この頃は，ニューメディアという言葉も流行していたので，コンピュータのみに限定すると考えられるコンピュータリテラシーよりも，コンピュータをも含めた，より広い概念をもつ「メディア」という語を利用して，メディアリテラシーという言葉が好まれたことがある。実は，筆者自身も，1980年代には，コンピュータやコンピュータ等を内蔵する情報機器（ニューメディア）を対象に，これらをメディアとして位置づけて，メディアリテラシーという言葉を好んで使用していたことがある。それから，かなりの年月を経た今，装いも新たにしてメディアリテラシーが再登場となった。

　メディアリテラシーは，「メディア」＋「リテラシー」であるから，前述の通り，とりあえず，「メディアを活用する能力」と解釈してよいだろう。

　しかし，問題は，その「メディア」とは何か？　ということである。メディアの概念には幅があり，その際に，メディアが何を指し示すかということにより，そのメディアを活用する能力そのものが変わってしまうのである。

　情報通信白書(5)では，メディアリテラシーとは，①メディアを主体的に読み解く能力，②メディアにアクセスし，活用する能力，③メディアを通じコミュニケーションを創造する能力，特に情報の読み手との相互作用的（インタラクティブ）コミュニケーション能力が相互補完しあい，有機的に結合したものととらえている（図1）。これは，「放送分野における青少年とメディアリテラシーに関する調査研究会報告書（郵政省），2000年8月31日）の記述と同様である。

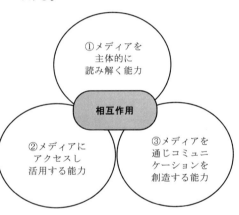

図1. メディアリテラシーの概念

メディアリテラシーの8つのキーコンセプト

　カナダのメディアリテラシー教育のカリキュラムでは，8つのキーコンセプト（**Eight Key Concepts for Media Literacy**）が提示されている。ここでは，なるべく直訳して示し，あわせて簡単な説明を加えたので参考にされたい。
（注．This version of the key concepts of media literacy from the Ontario Ministry of Education's *Media Literacy Resource Guide* was written by noted Canadian media educator, Father John Pungente.）

①All media are constructions.

　すべてのメディアは構成されたものである。（メディアで伝えられる情報は全て，誰か

によって構成されたものであるということ。）

②The media construct reality.

メディアは現実を構成する。（メディアで伝えられる情報は，それが，どのようなものであろうとも，現実的な意味を持つということ。）

③Audiences negotiate meanings in media.

視聴者はメディアに意味付けを行う。（人は情報を受け取ることにより，メディアから意味を読み取るということ。）

④Media have commercial implications.

メディアは商業的意味を持つ。（メディアが商業主義に影響されているということ。）

⑤Media contain ideological and value messages.

メディアはイデオロギーと価値観を含んでいる。（メディアは，視聴者が無意識のうちにも，イデオロギーや価値観を伝えているということ。）

⑥Media have social and political implications.

メディアは社会的・政治的な意味を持つ。（メディアが伝える情報には，社会的，政治的な意味が含まれているということ。）

⑦Form and content are closely related in the media.

メディアにおける形式と内容は密接に関係している。（同じ出来事を報じても，メディアごとに異なった印象とメッセージが伝えられるということ。）

⑧Each medium has a unique aesthetic form.

それぞれのメディアは独自の芸術様式をもっている。（メディアが伝える情報には芸術性があるということ。）

参考文献

(1)正村俊之：記号学・メディア論・情報科学の源流，思想(2003 年 7 月号)，No.951，pp.1-4，2003.

(2)西垣通：オートポイエーシスにもとづく基礎情報学～階層概念を中心として，思想(2003 年 7 月号)，No.951, pp.5-22，2003.

(3)水越伸：メディアの生成：アメリカ・ラジオの動態史，同文館出版，東京，pp.13-14，1993.

(4)水越伸（責任編集）：２０世紀のメディア１　エレクトリック・メディアの近代，ジャストシステム，徳島，pp.13-15，1996.

(5)総務省編：平成 14 年度情報通信白書，2002.

問題

「メディアリテラシー」の実践事例を収集し，教育の現状をまとめよ。

問題解決の科学 -1-

問題解決を学習の視点に

1．問題解決の時代的背景

ここでは，次のような問題の提起から始めたい。

> なぜ，情報教育が必要か？
> なぜ，理科離れが起こるのか？

このような問題は，何気なく意識するものであるが，あらためて，「なぜ」と問われると答えに困ってしまうかもしれない。そして，もしもこれが学生にとっての，「授業レポートの課題」だったり，または社会人にとっての「業務報告」の一部を成すものだったりしたら，どのように解決するだろうか？　現在のように，デジタル環境が整備された時代（デジタル時代と呼ぶ）では，次のような5つの特徴を示してこの時代の背景を探り，問題解決について考察したい。

①即断を迫られる時代

最近では特に電子メールの利用が多くなっている。携帯メールも含めれば，情報のやり取りについては，手紙で連絡を取ったり，電話で用件を伝えたりするよりも，はるかに多くのケースにおいて，電子メールを使用している。そして，電子メールで「○○についてご意見を下さい。」のような電子メールを受信した時のことを想像しよう。

筆者だったら，多くの場合，メールを受信したその当日中に，返事を出さなければならないような状況と考えるし，少なくとも送信者の意図は，直ぐに返事をもらいたいと考えているに違いないと思う。そして，万一，返事に数日かかったりすれば，「遅れてすみません。」のような一文を添えることが礼儀と考えることだろう。昔ならば，返事に1カ月やそれ以上もかけることがあっただろうが，現在

> **デジタル時代では**
>
> ①即断を迫られる時代
> 　→スピード重視
> ②割込みを頻繁に受ける時代
> 　→ケータイ（軽態）なモラル
> ③十分に思考することができない時代
> 　→判断に時間をかけられない
> ④答さがしの時代
> 　→自分で解決策を模索しない
> ⑤議論を避ける時代
> 　→KYと言われないように

では，そのようなことはあまりない。したがって，もし1か月も放っていると，「断られたもの」として取り扱われるかもしれない。今では，熟慮して時間をかけて答えるよりも，即断して早く応答することの方が，重要と考えられているのである。このようなス

ピード重視の価値観は，問題解決に重大な影響を与えるものである。

②割込みを頻繁に受ける時代

　現在では，何かを連続的・継続的に行うことが困難である。特別な環境に置かれない限り，私たちは，常に割込みを受ける状態を継続しているのである。それは，電話がかかってきたり，メールが届いたり，訪問があったり，・・・，というような従来の割込みだけではなく，情報社会では種々の割込みがあり，象徴的にいえばケータイ（軽態）なモラルと揶揄されないように配慮する必要がある。情報爆発時代（Info-plosion Era）[1]といわれるように，爆発的に増大した情報が，各種の通信メディアを通して，私たちの日常生活に直接降りかかってきているのである。

③十分に思考することができない時代

　前述の状況を言い換えれば，継続して思考することが困難になってきているということである。そして，現代人は，以前に増して，多数の問題を同時に抱え込んでいるため，それらを並行して処理（解決）しているのである。したがって，1つの問題にかけられる時間に限度があるため，判断に時間をかけることができない時代となっているのである。

④答えさがしの時代

　その結果，時間がかかる手段を避けて，簡単に答えを見つけようとするのである。その際，インターネットは，まさにこのような要求に応えてくれる重宝なメディアといえるだろう。すなわち，検索エンジンは，無数に広がる世界中のWebサイトから関係する情報を一瞬にして検索して表示してくれるからである。問題解決の手段として，検索を使用するのは必然といえるが，本来なら自分で考えて問題を解く必要がある場合でも，検索エンジンでは，答えを検索して表示することも可能な場合もあり，その使用には注意を要する。特に，一般社会人が効率化のために使用する場合はさて置き，問題を解決することを学ぶ場としての学校教育においては，十分な配慮が必要になることがある。

⑤議論を避ける時代

　一般に問題を解決するためには，時間がかかるものである。それが，合意形成を前提とするものであれば，なおさらである。会議において，早く結論を得るには，反対意見が出ないようにしたり，議論をする時間を短くしたりして，なるべく議論を避けるような時代が到来している。KY（空気が読めない）と思われるのを恐れたり，無意味に分かりの良い人物を演じてみたりして，無意識のうちにそのような価値観が生まれる状況にあることが懸念される。

　また，反対する者を避けるために，"お友達人事"により構成員を決める場合があるかもしれない。このような，お友達の集団は，趣味やサークルなどの嗜好にかかわる世界では，仮に成功する場合があるかもしれないが，それ以外の多くの組織では，判断に誤りが生じたり，またはその誤りを認めなかったり，責任の所在を明確にするのを怠った

りして，集団としての正しいガバナンスが発揮されないことがある。

　したがって，実際の問題解決活動においては，調べる活動ではインターネットの検索エンジンを使用し，尋ねる際にはメールを利用し，試行錯誤を繰り返して発見的に学習する場面では，とにかくやってみたらできたというようなゲーム的な解決に陥ったりして，結局，自らの頭を使って考えることを避け，単なる答えさがしになってしまうことが懸念される。これでは問題解決を十分に学んだことにならないだろう（**図1**）。

問題解決 活動（例）		実際の行動（例）	コメント
調べたり	→	インターネットの検索エンジンを利用して調べたり	インターネット利用
尋ねたり	→	メールで連絡して教えてもらったり	メール利用による情報入手
試行錯誤を繰り返して	→	とりあえずやってみて，ダメならやり直したり	ゲーム的な解決
⇩		⇩	⇩
答えを出す	→	答えを見つける	単なる答さがし （自分で考えていない）

図1．問題解決活動の実際

2．問題解決の本質

（1）問題解決における「問題」と「解」

　問題解決を前提とする場合，「問題」は解けるものでなければならない。問題が解けるということは，それを解くための方法（手段や手順）が具体化できる必要がある。逆にいえば，解く方法を具体化できない場合は，問題解決における「問題」になりえない。そのような場合は，問題そのものを変更するか，解決結果の姿（解決したといえる状況や条件など）を変更する必要がある。この際に重要なのは，問題が解決できるように問題を分析することであり，また，解決のための条件設定を検討することである。

　一方，問題には，解を一意に決定できるものと，そうでないものがあることに留意する必要がある。

　すなわち，上記の問題の種類を受ければ，解は，それぞれ厳密解（最適解）と満足解に対応することになる。

　学校教育では，多くの場合，数学や理科などにみられるように，厳密解を求めることに重点があり，満足解を求めることを積極的に進める教科は，「情報」がその任に当たっている。

119

（2）問題解決のプロセス

　プログラミング教育は，情報処理教育の初期においては，工学部などの専門学部で行われていたが，社会の情報化につれて，普通教育としての位置づけが必要であるといわれるようになった。それは，つまり，普通教育ではコンピュータの仕組みやはたらきについて理解するとともに，問題を客観的に理解し，その解決の方法を見いだすための論理的な思考を養うことに重点がおかれなければならないということであり，これは，普通教育でプログラミング教育を行うことの意義は，問題解決の能力を養うことにあるということであった。プログラミングは，問題の具体化・モデル化・最適化などの知識が必要であり，このことを重視して考察することにより，問題解決のプロセスを一般化して示すことができたのである。**表1**の各段階は，プログラミングの過程を考えれば比較的理解しやすいと思われるが，一般的な問題解決の場においても，適用できるものと考えている。各段階は，概ね順次進むものと考えられるが，必要に応じて，各所で前段階に戻ることも考えられ，特定の段階が，繰り返し行われる場合も少なくないだろう。

　しかし，私たちは，このような段階を常に意識して問題解決を行っている訳ではないだろう。むしろ，問題解決に行き詰まったり，失敗したりした場合には，自らが行った解決活動について再考し，どこに問題があったのかを分析する必要があり，解決方法の変更や軌道修正を行うことが求められるだろう(2)。

表1．問題解決のプロセス

	問　題　解　決　の　9　段　階	
1	問題の意識	抽象的または直観的に問題を意識する段階
2	問題の分析	その問題を客観化・一般化する段階
3	問題の照合	既に一般化された問題と照合する段階
4	解決法の照合	既に一般化された方法の中から解決の糸口を見いだす段階
5	解決法の修正	一般化された解決の方法を問題に適合するように部分的に修正する段階
6	解決法の意識	解決の方法を具体化して意識する段階
7	解決法の実行	意識した解決法を実行する段階
8	解決法の評価	実行した結果を評価し，問題の解決の効果を検討する段階
9	解決法の一般化	修正した解決法を一般化する段階

参考文献

(1)喜連川優：特定領域研究「情報爆発（Info-plosion）」：本格稼働から2年を経過して，情報処理，Vol. 49, No.8, pp.881-888, 2008.

(2)松原伸一：学校におけるプログラミング教育〜支援システムとその利用，オーム社，1990.

　問題

問題解決に関係すると思われる種々の手法について調査し，まとめよ。

問題解決の科学 -2-

問題解決の応用

1．問題解決の応用

（1）アントレプレナー

　筆者は，以前に講演で，「アントレプレナーという言葉をご存じでしょうか？」という問いかけをして，問題解決を考察する際のきっかけとしたことがある[1]。

　アントレプレナー（entrepreneur）とは，「起業家」または「企業家」のことであり，一般には，「ベンチャー企業を興す人」と理解されている。したがって，その意味から，この用語は，経済界では知られた言葉であったが，学校教育現場では，あまり知られていなかったが，アントレプレナーの考え方を生かした先進的な教育の展開も多少みられたところである。一方，大学では産学連携（共同）や研究開発成果の企業化，若い企業家の育成などに関係して，公開講座や教育プログラムなどが展開され，積極的に取り組むケースが次第に多くなってきている。アントレプレナー道場（東京大学）やアントレプレナー公開講座（早稲田大学アントレプレヌール研究会），インキュベーション・プラットフォームの構築（慶應義塾大学 SIV アントレプレナー・ラボラトリー）などは，その好例といえるだろう。

　さて，問題解決の考察に際して，筆者の当時の講演に話題を戻したい。今井氏の当時の言葉を借りれば[2]，イノベーションを生むのは，新技術の発明家や新会社を興した人だけではなく，商品を開発したり，生産・販売方法を革新したり，新組織や経営手法を考案した人などでもよいという。このような新結合を積極的に遂行する一群の人たちがアントレプレナーで，日本が大きな経済発展を遂げた明治時代にも戦後の復興期にも，このような人たちは沢山いたという。しかし，最近では，このような人々が輩出されなくなったというのである。

①それはどうしてなのだろうか？

　彼は，「失敗した時に損切りをして，改めて挑戦するという**軌道修正・やり直しのシステム**がないからだ」と言う。方向性がはっきりしていた時代とは異なり，現在では，多くの選択肢から進路を選び，決定を下さなければならない。そんな時，一つ失敗すると，それでおしまいでは，システム全体が「死の行進曲」になるという。

②それでは，問題はどこにあるのだろうか？

　失敗から軌道修正するために，失敗の原因を糾し，損を確定するという行為は，日本社会になじまないというところにあるという。すなわち，日本的な人間関係の中では，前任者の責任を問い前任者の評価を崩すということは，その行為自体が，自分の評価を悪くすることにつながってしまうので，結局，失敗からの軌道修正が大変困難なものになってしまうというのである。だから，銀行の融資にしても，不採算の事業にしても，ダラダラ続いてしまうというのである。その意味で，日本には，失敗から学ぶという失敗学が欠けていると彼は言うのである。

> **軌道修正ができない日本的特性**
>
> 失敗から軌道修正するために，失敗の原因を究明する。
> ↓
> 前任者の責任を問い，前任者の評価を崩す。
> ↓
> 自分の評価を下げることになる。
> ↓
> したがって，どうしても，軌道修正しないで，避けて通ることになる。

③アントレプレナー的人材養成から学ぶものは何か？

　スタンフォード日本センターでプロジェクト立脚型学習という方法が実施されている。それは，設定された課題に対し，学生がチームを作ってその解決に当たるというものである。例えば，課題が「大学の中に研究所を作る」ということであれば，これをプロジェクトとして，日本，オランダ，米国などに在住する学生達がコンピュータネットワークを利用した遠隔操作（e-Learning）により，建築・設計，安全，コスト面などの様々な視点で計画を立て，問題点を明らかにして，互いに議論する。その際の議論の内容は，コンピュータに記録が残っているので，後から，討論の分析を行ったり，検証したりすることができるのである。彼は，ここで重要なことは，次の点であるといっている。それは，最初の発送段階で，先生は異なる意見を奨励し，間違えることをむしろ歓迎する。つまり，物事の認識は否定がきっかけとなって本質的な議論となるのであるから，差異や間違いを恐れない発想を引き出すことが重要であるというのである。しかし，日本で同じことをすれば，プロジェクト作成のノウハウの習得を急ぐことで終わる懸念がある。

（2）制御理論と問題解決

　目的を達成するためには，何らかの制御が必要である。つまり，何らかの努力が必要で，何の努力も無く目的に達した場合は，偶然といわざるを得ないだろう。一般に，制御工学の分野では，この考え方を分かりやすく整理している。それは，あらかじめ定められた順序に従って制御の各段階を逐次進めていく**シーケンス制御**とフィードバックによって制御量を目標値と比較し，それらを一致させるように訂正動作を行う**フィードバック制御**の二通りの考え方がある。シーケンス制御では，次の段で行うべき制御動作が

あらかじめ定められていて，前段階における制御動作を完了した後，または動作後一定時間を経過した後，次の動作に移行する場合や，制御結果に応じて次に行うべき動作を選定して次の段階に移行する場合などが組み合わさっていることが多いため，一般には，フィードバック制御の考え方の方が，理解しやすいだろう。

たとえば，私たちが机の上にあるものを手で取りあげる時，目標との距離を正確に測定してから手を伸ばすようなことはしないだろう。目標物が視野にあれば，まず大まかにそこまでの距離の見当をつけて，手を動かすだろう。そして，手が目標に近づいたら，手が目標に対してどの程度ずれているかを見ながら，修正をしている。つまり，このような修正を繰り返すことで，目標に正確に到達

> **シーケンス制御**(sequence control)
>   あらかじめ定められた順序に従って制御の各段階を逐次進めていく制御のこと。
>
> **フィードバック制御**(feedback control)
>   フィードバックによって制御量を目標値と比較しそれらを一致させるように訂正動作を行う制御のこと。
>
> **フィードバック**(feedback)
>   閉ループを形成して出力側の信号を入力側にもどすこと。

し，手でつかみとることができているのである。人間は，こうした行動をあまり意識しないで瞬時におこなっているのである。

筆者は，問題解決においても同様の考え方ができると判断している。つまり，問題の解決には幾つかの選択肢があることが多いが，何らかの判断の結果，一つの解決法を選んだり，考え出したりして，実施することになる。それが，問題の解決につながればよいが，解決がうまくいかない場合は，軌道修正を行う必要がある。これを繰り返すことで，問題解決ができるものと思われる。

2．教育における問題解決

（1）問題解決のための情報学教育

文部科学省では，情報教育の目標の観点として３つを取り上げている。その１つである「情報活用に実践力」において，課題や目的にあった手段は何かを考えることから出発し，様々な情報手段の中から，直面する課題や目的に適した情報手段を主体的に選ぶことができることは，問題解決や目的達成のために情報や情報手段を適切に活用する上で極めて重要であるとされる。また，「情報の科学的な理解」では，情報や情報手段をよりよく活用するために，情報そのものについて理解を深めるとともに，問題解決の手順と結果の評価及び情報を表現するための技法，人間の知覚，記憶，思考などの特性について基礎的な理論を理解し方法を習得するとともにそれらを実践することが大切である。

教科「情報」は，情報社会においてより良く生きるための教育であり，ただ単に，PC

やアプリケーションソフトの使い方やインターネットの利用法を教えるものではない。それは，情報社会において，問題や課題を自らが発見・認識し，デジタル環境（ネットワークや情報機器等を駆使してデジタル情報を容易に操作できる環境）を効果的に利用して，客観的で科学的な知識をベースに，その問題解決ができる能力を育てることに重点をおくということである。

　従来からの問題解決は，学習方法としての位置づけが中心であったのに対して，教科「情報」における問題解決は学習内容としても位置づけられている点が特徴的である。

　なお，以上のような考え方は，平成 30 年告示の新しい学習指導要領においても同様で我が国における情報教育（情報メディア教育）において重要な項目でもある。詳細については，第 1 章を参照されたい。

（2）教育における問題解決の意義　～なぜ，問題解決が必要か？

　それでは，なぜ，問題解決が必要なのだろうか？このように，ある意味で常識的な質問をすれば，当たり前すぎて，かえって答えに困るかもしれない。より良く生きるためには，幾つかの問題や困難にぶつかるものである。そのような場合，その問題を回避することも必要かも知れないが，いつも逃げている訳には行かないだろう。どうしても，直面する問題を解決しなければ前に進めないということがあるだろう。そう考えていくと，より良く生きるためには，問題解決能力は必要であり，生きる力としての基本的な能力の一つと考えられるのである。まとめると，生きる力としての問題解決能力とは，生きている上で，より良くしたいと努力し，そのために，問題を意識し，それを解決しようと活動して，また，必要な際には，情報機器を適切に利用することでその解決を図ることができることである。問題解決では，情報機器を利用することが主たる目的ではなく，問題を上手に解決したり，それを科学的な視点で理解することが大切である。

　また，解決にはいくつもの方法がある。つまり，解決の手段や手順が異なれば，結果が異なることがあることを認識し，選択・決定・実行した解決法を評価することが大切で，解決過程の状況によっては軌道修正が必要となることも心得ておくべきである。

参考文献

(1)松原伸一：情報科教育法，開隆堂，2003.

(2)今井賢一：ヒト企業を考える④，日本経済新聞，2002 年 5 月 26 日朝刊.

問題

今までの経験から，問題解決の例を取り上げて考察せよ。

索 引

あとがき

　本書は，当初，改訂として進められ，歴史的に重要な事実や，文献研究の成果等の記述に際しては，ページ数の制限もあることながら可能な限り保持することに努めた。しかしながら，新しい内容も積極的に取り入れることにしたため，結局のところ，4分の1以上の追加・変更となった。そのポイントは，「情報学教育」を「情報メディア教育」というように，親しみやすい表現に変更するとともに，新展開としての意味付けとして，「人間性への回帰」をその際のキーポリシーとしたことである。

　昨今では，人工知能（AI）の話題が絶えないようである。現在，ICT活用という表現で総称される教育活動においても，いずれ，AI活用に置き換わることを余儀なくされるだろう。その際に改めて「人間の特質」が問われることを予期し，人間性の各要素に着目して，「感性に響く」，「理性に届く」，「知性に繋ぐ」をそれぞれのテーマとする情報メディア教育を既に展開している。

　このような研究成果を，従来型のICT活用と区別するため，筆者は，「ICT超活用[※1]」という表現を新たに創出し，各種の研究活動を行っている。例えば，その活動の一貫として，「感性に響くICT超活用」と題する「Vフォーラム[※2]」を主宰している。これは，2015年に早稲田大学にて開催した「情報学教育フォーラム」を起点とし，その後，リアル会議からバーチャル会議に進展したものである。そして，これをさらに進めるステージとして，「AGAA（芸活）[※3]」を提案し，その環境の構築・充実を進めるとともに，「新しいリベラル・アーツ」の創出をめざしている。筆者のTwitterアカウント（@ryo_media）でも進めているので，関心をお持ちいただければ幸いである。

　なお，「ICT超活用」，「AGAA（芸活）」においては，それぞれ，別途，執筆中であることを付記しておきたい。関心をお持ちの方は，上記のキーワード（ICT超活用，AGAAなど）にて，適宜検索をお願いしたい。

追記

　学習指導要領改訂（平成29年告示，平成30年告示）にて，「ディジタル」から「デジタル」に変更されことに伴い，本書においても可能な限りこれに従うことにした。

※1．ICT超活用とは，人間性への回帰をテーマに，感性に響く，理性に届く，知性に繋ぐソリューションとして，現状を超えるために，視野を超え，機会を超え，範囲を超えて，新しいICTの活用を提案するものです。
※2．Vフォーラム（Virtual Meeing）では，WebサイトとSNS（Twitter）を有効に活用して進めている。現時点では3つの公式アカウント（@DKRK_1，@sigise，@iseterm）にて展開している。Webサイトは，「ICT超活用」で検索をして下さい。
※3．AGAA（芸活）とは，All Generations Arts Activities（全世代参加型広義芸術活動）の略称で，ICT超活用のためのステージとなります。

■著者略歴

松原伸一（まつばらしんいち）

慶應義塾大学大学院工学研究科修士課程修了。慶應義塾大学大学院工学研究科博士課退学後，長崎大学講師，助教授，滋賀大学助教授，教授を経て，現在，滋賀大学大学院教育学研究科高度教職実践専攻（教職大学院）専任教授。博士（学術），専門は，メディア情報学，情報メディア教育など。

■主な著書

- 「学校におけるプログラミング教育」（単著）オーム社，1990.
- 「情報科教育法」（単著）開隆堂，2003.
- 「ディジタル環境論」（単著）ナカニシヤ出版，2004.
- 「情報学教育の新しいステージ」（単著）開隆堂，2011.
- 「ソーシャルメディア社会の教育」（単著）開隆堂，2014.

  など。

【付記】

　本書の記述における研究の一部は，JSPS科研費（課題番号：16K04760）の助成を受けたものである。

人間性に回帰する情報メディア教育の新展開

人工知能と人間知能の連携のために

令和2年2月28日発行

著者　松原伸一
発行　開隆堂出版株式会社
　　　代表者　大熊隆晴
　　　〒113-8608　東京都文京区向丘1-13-1
　　　電話 03-5684-6116（編集）
　　　http://www.kairyudo.co.jp/

印刷　平河工業株式会社

販売　開隆館出版販売株式会社
　　　〒113-8608　東京都文京区向丘1-13-1
　　　電話 03-5684-6118（販売）

ISBN　978-4-304-02173-2